"需求 质量 特色"
三元结构育建人才

朱志　赵晶　武志斌

——

著

辽宁人民出版社

© 朱志　赵晶　武志斌　2024

图书在版编目（CIP）数据

"需求　质量　特色"三元结构育建人才 / 朱志，赵晶，武志斌著 . -- 沈阳：辽宁人民出版社，2024. 9.
ISBN 978-7-205-11276-9

Ⅰ . G729.2

中国国家版本馆CIP数据核字第2024PW8555号

出版发行：辽宁人民出版社
　　　　　地址：沈阳市和平区十一纬路25号　邮编：110003
　　　　　电话：024-23284321（邮　购）　024-23284324（发行部）
　　　　　传真：024-23284191（发行部）　024-23284304（办公室）
　　　　　http://www.lnpph.com.cn
印　　刷：辽宁新华印务有限公司
幅面尺寸：170mm×240mm
印　　张：18
字　　数：210千字
出版时间：2024年9月第1版
印刷时间：2024年9月第1次印刷
责任编辑：高　丹
装帧设计：丁末末
责任校对：李嘉佳
书　　号：ISBN 978-7-205-11276-9

定　　价：78.00元

目　录

引　言

高等学历继续教育改革发展迈向新征程

我国高等学历继续教育的发展历程可以追溯到20世纪80年代末，随着改革开放的深入推进和社会主义市场经济体制的逐步建立，社会对高层次人才的需求日益增长。在这一背景下，高等学历继续教育应运而生，并迅速发展起来。

第一节　高等学历继续教育的发展历程

一、起步阶段（1980年代末至1990年代）

在这一时期，我国的高等学历继续教育主要以成人高等教育和函授教育为主要形式。1985年，国家教委（现教育部）颁布了《关于成人高等教育的若干意见》，标志着成人高等教育正式成为我国高等教育体系的重要组成部分。此后，各类成人高校、电视大学、函授学院等教育机构如雨后春笋般涌现，为广大在职人员提供了接受高等教育的机会。

二、发展阶段（1990年代至21世纪初）

进入90年代，随着经济的快速发展和社会的变革，对高素质人才的需求进一步增加。这一时期，我国高等学历继续教育开始向多元化发展，除了成人高等教育和函授教育外，远程教育、网络教育等新型教育形式开始出现。1998年，教育部颁布了《关于深化高等教育改革，加快高等教育发展的若干意见》，进一步推动了高等学历继续教育的发展。

三、成熟阶段（21世纪初至今）

进入21世纪，随着信息技术的飞速发展，网络教育成为高等学历继续教育的重要形式。2002年，教育部颁布了《关于加快发展现代远程教育的若干意见》，明确了现代远程教育的发展方向和政策措施。此后，网络学院、开放大学等新型教育机构快速发展，为广大学习者提供了更加便捷的学习途径。在这一时期，我国的高等学历继续教育体系不断完善，政策环境不断优化，教育质量逐步提高。

2004年，教育部颁布了《关于进一步加强和改进成人高等教育工作的意见》，并印发了《2004年职业教育与成人教育工作要点》，提出加强成人高等教育的指导思想、目标任务和政策措施，旨在提高成人高等教育的质量和效益。

2005年，教育部颁布了《关于做好高等教育自学考试工作的意见》，对自学考试工作进行了全面部署，明确了自学考试的性质、任务和发展方向，以及提高考试质量和管理水平的措施。

2010年，教育部颁布了《国家中长期教育改革和发展规划纲要（2010—2020年）》，作为未来十年中国教育改革和发展的蓝图，该规划纲要提出了继续教育的发展目标和重点任务，强调了终身教育体系的建设。

2012年，教育部颁布了《关于加快推进终身学习体系建设的若干意见》，提出了加快推进终身学习体系建设的政策措施，包括完善终身教育体系、创新终身教育模式、提升终身教育服务能力等。

2015年，教育部颁布了《关于加强和改进高等教育自学考试工作的意见》，对自学考试工作进行了进一步的规范和指导，提出了提高考试质量和管理水平、加强考试安全、促进教育公平等方面的要求。

2018年，教育部颁布了《关于全面深化新时代教师队伍建设改革的意见》，其中涉及了教师队伍的继续教育和专业发展，强调了提升教师素质和能力的重要性。

2019年，教育部颁布了《关于促进在线教育健康发展的指导意见》，明确了在线教育的发展方向和政策支持，鼓励利用互联网等现代信息技术推动教育创新，提高教育质量和效率。

2020年，教育部颁布了《关于深化新时代教育评价改革的意见》，强调了教育评价体系的改革，旨在建立更加科学、合理的教育评价机制，促进教育公平和质量提升，这对高等学历继续教育的评估和监管具有重要指导意义。

2021年，教育部颁布了《"十四五"教育现代化规划》，明确了"十四五"期间教育现代化的目标和任务，包括推动继续教育和终身学习体系的建设，提高教育服务的质量和效率，以及加强教育信息化建设。同年，教育部颁布了《关于进一步规范和支持高等学历继续教育发展的指导意见》，针对当前高等学历继续教育面临的一些问题，提出了规范管理、提升质量、创新模式等措施，以支持继续教育的健康发展。

2022年，教育部颁布了《关于加快推进教育信息化2.0行动的指导意见》，旨在推动教育信息化向更深层次发展，利用现代信息技术提升教育质量和管理水平，特别是在继续教育领域的应用和创新。

2023年，教育部颁布了《关于实施终身职业技能培训制度的意见》，提出了建立终身职业技能培训制度的措施，鼓励和支持各类人群通过继续教育提升职业技能，以适应经济社会发展的需要。

2024年，教育部颁布了《关于促进高等教育内涵式发展的若干意见》，强调了高等教育内涵式发展的重要性，提出了提升教育质量、深化教育改革、加强师资队伍建设等方面的措施，其中包括对高等学历继续教育的支持和指导。

这些政策文件共同构成了中国高等学历继续教育的政策框架，旨在推动继续教育的发展，满足社会和个人多样化的学习需求，促进终身学习体系的建设。随着社会的发展和技术的进步，相关政策也在不断更新和完善，以适应新的教育需求和挑战。

第二节　高等学历继续教育的显著进展

政策环境的不断优化为继续教育体系的建设提供了政策支持和发展方向，我国高等学历继续教育体系建设也取得了显著进展。

一、教育体系的多元化

在当今社会，教育体系的多元化已成为满足不同学习者需求的重要趋势。继续教育作为终身学习体系的重要组成部分，其体系的多元化不仅体现在教育形式的多样性上，也体现在高等学校与教育机构的创新和服务的个性化上。

（一）教育形式的多样性

继续教育体系中，传统的成人高等教育和函授教育仍然是重要的教育形式。这些形式通过定期的面授课程和自学材料，为学习者提供了系统的学习体验和学历提升的机会。然而，随着社会的发展和学习者需求的变化，远程教育、网络教育、自学考试等新型教育形式应运而生，为学习者提供了更加灵活和便捷的学习途径。远程教育是指通过邮寄教材、电视广播、电话教学等方式，它突破了地理限制，使学习者无论身处何地都能够接受教育。网络教育是指利用互联网技术提供了丰富的在线课程和资源，学习者可以随时随地进行学习，满足了快节奏生活中学习的需求。自学考试是为那些希望通过自学提升知识和技能的学习者提供了官方认证的机会，它强调学习者的自主性和自我驱动力。

（二）新型教育机构的出现

随着教育技术的发展和教育市场的开放，开放大学、网络学院等新型教育机构应运而生。这些机构通常具有更加灵活的教学模式和更加个性化的服务，特别受到在职人员和地域偏远学习者的欢迎。开放大学以其开放的招生政策、灵活的学习时间和多样化的学习资源，为所有希望继续教育的学习者提供了机会。网络学院通常依托于传统高校或独立运营，提供与高校同等质量的在线课程，使学习者能够在工作和家庭责任之余，通过网络获取知识和技能。

（三）满足不同学习者的需求

教育体系的多元化不仅丰富了学习者的选择，也更好地满足了不同学习者的需求。对于在职人员来说，灵活的学习时间和地点是他们选择继续教育的重要因素。对于地域偏远的学习者，远程教育和网络教育为其提供了宝贵的学习机会。此外，对于有特殊学习需求或兴趣的学习者，自学考试和个性化的网络课程为他们提供了定制化的学习路径。

教育体系的多元化是继续教育发展的必然趋势。通过提供多样化的教育形式和新型教育机构，继续教育能够更好地满足不同学习者的需求，促进终身学习理念的普及。

二、教育技术的深度融合

随着信息技术的快速发展，教育技术的深度融合正在重塑继续教育的面貌。互联网、大数据、人工智能等新技术的应用，不仅极大地丰富了教学手段和学习资源，也为学习者带来了更加个性化和高效的学习体验。

（一）互联网技术的应用

互联网技术的发展为继续教育提供了无限可能。通过网络平台，教育资源得以跨越时空限制，实现全球共享。学习者可以通过互联网访问到世界各地的优质课程和教学资源，无论他们身处何地。通过在线直播课程，教师可以利用网络平台实时直播授课，学习者可以在任何有网络的地方参与互动，提问和讨论。错过直播的学习者还可以通过回放功能，自主安排学习时间，灵活学习。另外，互联网技术支持学习者建立在线社区，分享学习经验，相互帮助，形成良好的学习氛围。

（二）大数据技术的应用

大数据技术的应用使得高等学校与教育机构能够更好地理解学习者的需求和行为模式。通过分析学习者的在线学习行为，高等学校与教育机构可以提供更加精准的教学内容和个性化的学习建议。通过收集和分析学习者的在线学习数据，高等学校与教育机构可以了解学习者的学习习惯、知识掌握情况和学习难点。基于大数据分析，高等学校与教育机构也可以为学习者推荐适合其水平和兴趣的课程和学习资源，提高学习效率。此外，大数据技术还可以用于评估教学效果，帮助教师和高等学校与教育机构不断优化教学内容和方法。

（三）人工智能技术的应用

人工智能技术的应用正在改变继续教育的教学模式和服务方式。AI可以根据学习者的行为和反馈提供个性化的学习建议和资源，同时，智能辅导系统和聊天机器人等工具也能够为学习者提供即时的学习支持和答疑。例如，AI辅导系统可以根据学习者的进度和表现，提供个性化的学习计划和辅导，帮助学习者克服学习难题。聊天机器人可以提供24小时的学习咨询和答疑服务，使学习者在遇到问题时能够得到及时的帮助。AI技术可以使在线学习平台实现自适应学习，根据学习者的反馈和表现自动调整学习路径和难度。

（四）MOOCs平台的建立

MOOCs（大规模开放在线课程）平台的建立是教育技术深度融合的一个重要成果。MOOCs平台为学习者提供了大量的高质量在线课程，这些课程涵盖了各个学科领域，由世界各地的顶尖高校和教育机构提供。MOOCs平台上的课程通常由知名学者和专家授课，保证了课程的质量和权威性。学习者可以根据自己的时间和节奏安排学习，不受传统课程安排的限制。MOOCs平台也可以提供互动讨论区和在线评估系统，学习者可以与其他学习者交流，同时接受定期的学习评估。

教育技术的深度融合为继续教育带来了前所未有的发展机遇。通过互联网、大数据、人工智能等新技术的应用，继续教育的教学手段和学习资源得到了极大的丰富和优化。MOOCs平台的建立更是为学习者提供了便捷的学习途径和高质量的课程资源。未来，随着技术的不断进步和教育模式的不断创新，教育技术将在继续教育中发挥更大的作用，为学习者提供更加高效、便捷和个性化的学习体验。

三、质量保障体系的完善

高等学历继续教育作为终身教育体系的重要组成部分，其教育质量的保障一直是教育管理部门和教育机构关注的重点。随着继续教育规模的不断扩大和教育形式的多样化，建立更为严格的教育质量监控和评估体系显得尤为重要。

（一）教育质量监控体系的建立

为了确保教学质量，我国高等学历继续教育建立了一套完善的教育质量监控体系。这一体系涵盖了教育过程的各个环节，包括课程设置、教学实施、教学资源、教师资质、学习支持服务等。教育管理部门在课程设置审核方面，对继续教育课程设置进行严格审核，确保课程内容符合教育目标和行业需求；在教学实施监督方面，通过定期的教学检查和评估，监督教学活动的实施情况，及时发现并解决教学过程中的问题；在教学资源评估方面，对教学资源进行定期评估，确保学习者能够获得高质量的学习材料和设施；在教师资质认证方面，对继续教育教师的资质进行认证，确保教师具备相应的教学能力和专业水平；在学习支持服务评价方面，对学习支持服务进行评价，包括学习咨询、辅导、技术支持等，确保学习者能够获得有效的学习支持。

（二）教育质量评估体系的实施

除了监控体系，教育质量评估体系也是保障教学质量的重要手段。教育管理部门通过定期的教育质量评估，可以对教育质量进行全面的检查和评价，从而不断优化教育过程和提升教学质量。在内部评估方面，可以通过教育机构内部定期进行自我评估，检查教育质量标准是否得到满足，以及是否需要进行改进。在外部评估方面，可以邀请教育专家和行业代表对继续教育进行外部评估，提供客观的评价和建议。另外，可以通过问卷调查、访谈等方式收集学习者的反馈，了解学习者对教育质量的满意度和改进建议。

（三）教育质量年度报告制度

为了提高教育质量的透明度，我国实施了教育质量年度报告制度。这一制度要求教育机构每年向社会公布教育质量报告，包括教学成果、学生满意度、就业情况等关键指标。一是透明度提升：年度报告的公布提高了教育质量的透明度，使社会公众能够了解继续教育的实施情况和成效。二是信任和认可增强：通过公开透明的年度报告，增强了社会对继续教育的信任和认可，提高了高等学校与教育机构的声誉。三是持续改进动力：年度报告制度也为高等学校与教育机构提供了持续改进的动力和方向，促使其不断提升教育质量。

质量保障体系的完善是我国高等学历继续教育健康发展的重要保障。通过建立严格的教育质量监控和评估体系，实施教育质量年度报告制度，不仅确保了教学质量，也提高了教育的透明度和社会认可度。未来，随着教育改革的深入和教育技术的发展，我国高等学历继续教育的质量保障体系将更加科学、规范和高效，为学习者提供更高质量的教育服务，满足社会和个人发展的需要。

四、国际化步伐的加快

随着全球化的不断深入，国际化已成为高等教育发展的重要趋势。我国高等学历继续教育在这一背景下，加快了国际化步伐，通过鼓励学习者参与国际交流和合作项目，与国际知名高校和教育机构的合作日益增多，从而提升了继续教育的国际影响力和竞争力。

（一）学习者参与国际交流

为了拓宽学习者的视野和增强其国际竞争力，我国高等学历继续教育积极鼓励学习者参与国际交流。这包括但不限于以下几种形式：

海外学习项目：高等学校与教育机构和海外高校合作，为学习者提供短期或长期的海外学习机会，使他们能够直接体验不同的教育体系和文化。

国际会议与研讨会：组织学习者参加国际会议和研讨会，与国际同行交流学术成果和经验，提升自身的研究水平和国际影响力。

国际合作课题：鼓励学习者参与国际合作课题研究，与海外专家共同探讨和解决全球性问题，增强跨文化合作能力。

（二）与国际知名高校和教育机构合作

我国高等学历继续教育在国际化进程中，与国际知名高校和教育机构的合作日益增多。这种合作不仅提升了教育质量，也为学习者提供了更多的国际化学习资源和机会。这包括但不限于以下几种合作形式：

双学位项目：与海外高校合作开展双学位项目，学习者在完成学业后可以获得双方高校的学位证书，提高了学历的国际认可度。

课程资源共享：通过国际合作，实现课程资源的共享，学习者可以接触到更多国际前沿的课程内容和教学方法。

教师交流与培训：组织教师参与国际交流和培训项目，提升教师的国际化教学能力和研究水平。

（三）提升国际影响力和竞争力

随着国际化步伐的加快，我国高等学历继续教育的国际影响力和竞争力得到了显著提升。这不仅有助于吸引更多的国际学习者，也为国内学习者提供了更多的国际化发展机会。提升国际影响力和竞争力举措包括但不限于以下几种形式：

国际学习者招生：通过国际化的课程设置和教学资源，吸引更多的国际学习者来华学习，促进文化交流和教育合作。

国际认证和评估：参与国际教育认证和评估，提升教育质量的国际标准，增强继续教育的国际竞争力。

国际合作网络建设：建立广泛的国际合作网络，与更多的国际教育机构建立长期稳定的合作关系，共同推动教育的国际化进程。

国际化步伐的加快为我国高等学历继续教育带来了新的机遇和挑战。通过鼓励学习者参与国际交流和合作项目，与国际知名高校和教育机构的合作，不仅提升了继续教育的国际影响力和竞争力，也为学习者提供了更广阔的发展空间和更多的国际化学习机会。未来，随着全球化的进一步发展，我国高等学历继续教育将继续深化国际化战略，不断提高教育质量，培养更多具有国际视野和竞争力的高素质人才。

五、终身学习理念的推广

终身学习理念作为现代社会教育发展的重要指导思想，已经逐渐深入人心，成为推动个人职业发展、适应社会变革和实现自我价值提升的关键。在这一理念的推动下，继续教育作为终身学习体系的重要组成部分，受到了社会各界的广泛关注和重视，形成了良好的学习氛围和文化。以下是对终身学习理念推广及其在继续教育中应用的深入探讨。

（一）终身学习理念的普及

终身学习理念的普及是社会发展和个人成长的必然要求。随着知识更新速度的加快和职业发展需求的多样化，个人需要不断地学习新的知识和技能，以适应快速变化的社会和职场环境。终身学习理念的推广，鼓励个人在整个职业生涯中持续学习，不断提升自己的能力和素质。其推广形式包括但不限于以下几种形式：

社会宣传和教育：通过媒体、公共讲座、在线课程等方式，加大对终身学习理念的宣传力度，提高公众的认识和理解。

政策支持和激励：政府出台相关政策，为终身学习提供支持和激励，如税收减免、学习补贴、职业培训等。

企业参与和合作：鼓励企业参与终身学习体系的建设，为员工提供学习和发展的机会，如企业内部培训、职业发展规划等。

（二）继续教育的重要性

继续教育作为终身学习体系的重要组成部分，对于实现个人职业发展和社会变革具有重要意义。它为成年人提供了更新知识和技能的机会，帮助他们适应社会发展和职场变化。通过继续教育，个人可以获得新的职业资格和技能，提升职业竞争力，实现职业晋升和发展。在社会适应方面，继续教育可以帮助个人了解和掌握新的社会知识和技术，提高适应社会变革的能力。在个人成长方面，继续教育极大促进了个人全面发展，满足了个人兴趣和爱好，提升了生活质量和幸福感。

（三）良好的学习氛围和文化建设

随着终身学习理念的推广和继续教育重要性的提升，社会各界逐渐形成了良好的学习氛围和文化。这种氛围和文化对于激发个人的学习热情和动力，推动社会整体素质的提升具有重要作用。这种氛围和文化可以总结为以下几点：

学习型社会的建设：政府、教育机构、企业和个人共同努力，建设学习型社会，鼓励全民参与学习，形成尊重知识、尊重人才的社会风尚。

学习资源共享：通过公共图书馆、在线学习平台等渠道，为公众提供丰富的学习资源，实现学习资源的共享和优化配置。

学习成果的认可：社会对学习成果给予认可和尊重，无论是职业资格认证还是个人兴趣爱好的学习成果，都能够得到社会的肯定和鼓励。

终身学习理念的推广和继续教育的发展，对于个人和社会都具有深远的影响。通过不断普及终身学习理念，提升继续教育的重要性，建设良好的学习氛围和文化，我们可以为个人提供更多的发展机会，为社会培养更多高素质的人才，共同推动社会的持续进步和发展。未来，随着终身学习理念的深入人心和继续教育体系的不断完善，我们有理由相信，终身学习将成为人们生活的一部分，继续教育将成为推动社会进步的重要力量。

第三节　高等学历继续教育面临的挑战

高等学历继续教育作为提升个人知识水平和专业技能的教育活动，是终身学习体系的重要组成部分，在个人职业发展、社会进步和知识更新方面发挥着至关重要的作用，促进了学习型社会的建设。在个人职业发展方面，随着职业生涯的发展，个人需要不断更新知识和技能以适应岗位变化和职业晋升的要求，高等学历继续教育为大众提供了这样的学习机会，帮助个人保持竞争力，实现职业目标。在社会进步方面，继续教育有助于提高劳动力市场的灵活性和适应性，满足经济发展对高技能人才的需求，通过提升劳动力素质，继续教育促进了社会经济的创新和增长。在知识更新方面，继续教育使个人在知识爆炸的时代能够跟上最新的学术研究和技术发展，保持其学科专业知识的前沿性。

随着社会对继续教育理念的认同，我国高等学历继续教育将继续保持快速发展的态势，如何更好地满足不同群体的学习需求，如何提高教育的针对性和实效性，成为高等学历继续教育需要解决的问题和挑战。一方面，高质量的继续教育资源往往集中在一些顶级高校和研究机构，如何平衡资源分配，让更多人受益，是一个挑战。另一方面，传统的教育方式可能不适应成人学习者的需求。如何创新教育模式，提供灵活多样的学习方式，以适应成人学习者的工作和生活安排，是继续教育需要解决的问题。同时，随着信息技术的发展，如何有效整合新技术到教育过程中，提高教育质量和效率，是继续教育面临的又一个重要挑战。在质量保障方面，继续教育的课程和项目质量参差不齐，如何建立和执行一套有效的质量保证体系，确保教育服务的高标准，是提升继续教育公信力的关键。在政策支持方面，如何因地制宜制定有利于继续教育发展的政策，包括资金投入、税收优惠、学习时间的灵活性等，是推动继续教育发展的重要因素。另外，社会对继续教育的认可度影响个人参与继续教育的意愿，提高社会对继续教育价值的认识和尊重，是增加继续教育参与度的关键。

高等学历继续教育在促进个人成长、满足社会需求和推动知识更新方面发挥着不可替代的作用。然而，要充分发挥其潜力，必须面对并克服包括资源分配、教育方式创新、技术整合、质量保证、政策支持和社会认可度等在内的多重挑战。未来，需要通过政策制定者、教育机构和学习者的共同努力，继续深化改革，加强政策引导，推动教育创新，提高教育质量，以更好地满足社会和个人的发展需求。

第四节　高等学历继续教育"需求 质量 特色"结构框架

"需求 质量 特色"三元结构是应用于继续教育领域的管理和发展战略，强调了继续教育体系在发展过程中需要特别关注的三个核心要素：需求、质量和特色。下面将详细阐述这三个要素及其在继续教育中的应用。

一、需求

需求指的是继续教育服务需满足的个人、组织和社会的特定学习需求，这包括对新知识、技能和资格的需求，以及对职业发展、个人充实和终身学习的需求。在继续教育中，需求分析是制定教育计划和课程的前提，高等学校与教育机构需要通过市场调研、行业分析、学习者反馈来识别和预测需求，从而提供与学习者需求相匹配的教育项目。

二、质量

质量是指继续教育服务的优劣程度，包括教育内容、教学方法、教师资质、学习资源和学习成果等方面。高质量的继续教育能够确保学习者获得预期的学习效果和职业发展。在继续教育中，质量保证是提升教育服务水平的关键。高等学校与教育机构需要建立和执行严格的质量管理体系，通过内部评估和外部认证来确保教育质量符合标准。

三、特色

特色是指继续教育服务的独特性和区分度，包括高等学校的定位、教育机构的品牌、教学优势、创新课程和特色服务等。鲜明的特色有助于高等学校与教育机构在竞争中脱颖而出，吸引更多的学习者。在继续教育中，特色发展是提升继续教育竞争力的重要策略。高等学校与教育机构需要根据自身的优势和资源，开发具有特色的教育项目，满足学习者的个性化需求。

以"需求　质量　特色"三元结构为抓手需要紧密关注市场和社会的变化，及时调整教育服务以满足不断变化的学习需求；需要持续提升教育质量，确保教学内容和方法的科学性和有效性，提高学习者的满意度和学习成效；需要培育和发展自身的教育特色，通过创新和差异化来增强教育服务的吸引力和影响力。"需求　质量　特色"三元结构为高等学历继续教育体系提供了一个全面的发展框架，帮助高等学校与教育机构在满足学习者需求的同时，确保教育质量并发展自身特色，从而在竞争激烈的继续教育市场中取得成功。

第一章

高等学历继续教育需求分析

第一节　继续教育的社会和经济需求

高等学历继续教育，即在完成基础高等教育之后，个人为了提升自身知识水平、职业技能和综合素质而进行的进一步学习。这种教育形式在当今社会和经济环境中扮演着越来越重要的角色，其需求主要来源于以下几个方面。

一、社会发展的需求

随着社会的快速发展，知识更新的速度日益加快。个人为了跟上时代的步伐，需要不断学习新的知识和技能。高等学历继续教育提供了一个平台，使得在职人员能够通过学习新的理论和实践技能来适应社会的变化。此外，随着科技的进步，许多新兴产业和职业不断涌现，这要求劳动力市场提供具备相关技能的人才，高等学历继续教育正好满足了这一需求。

二、经济增长的需求

经济的持续增长需要高素质的人才作为支撑。高等学历继续教育能够帮助在职人员提升自身的专业技能和管理能力，从而提高工作效率和创新能力，推动经济的发展。同时，通过继续教育培养的人才能够有效促进企业的技术创新和产品升级，增强企业的市场竞争力，进而推动整个经济体的增长。

三、个人职业发展的需求

在职场竞争日益激烈的今天，个人为了获得更好的职业发展机会，需要不断提升自己的学历和能力。高等学历继续教育为在职人员提供了提升学历、获取专业资格认证的机会，有助于他们在职场上获得更多的晋升机会和更高的薪酬待遇。此外，对于那些希望转行或者创业的个人来说，继续教育也是一个重要的学习和准备过程。

四、知识经济时代的挑战

知识经济时代对人才提出了更高的要求。不仅要求个人具备深厚的专业知识，还要求他们具备跨学科的知识结构、创新思维和终身学习的能力。高等学历继续教育通过提供多样化的课程和灵活的学习方式，满足了个人在知识经济时代对终身学习的需求。

五、社会公平与包容性的提升

高等学历继续教育还有助于提升社会的公平性和包容性。通过提供更多的学习机会，使得不同背景、不同年龄的人士都能够通过学习提升自己，实现个人价值。这对于缩小社会各阶层之间的知识差距、提高社会整体的文化素质具有重要意义。

六、国家战略需求

国家为了实现长远的发展目标，需要培养大量的高素质人才。高等学历继续教育是国家人才战略的重要组成部分，通过培养具有国际视野、创新能力和领导力的人才，支持国家的科技创新、产业升级和社会管理等方面的发展。

综上所述，高等学历继续教育在满足社会发展、经济增长、个人职业发展、应对知识经济挑战、提升社会公平与包容性以及实现国家战略需求等方面发挥着重要作用。随着全球化和知识经济的深入发展，高等学历继续教育的社会和经济需求将会持续增长，成为推动社会进步和经济发展的重要力量。

第二节　目标群体的需求调研和分析方法

随着知识经济的发展和职业生涯的延长，继续教育成为终身学习体系的重要组成部分。为了更好地服务于目标群体，进行需求调研和分析是至关重要的。

一、目标群体的特征

高等学历继续教育的目标群体具有多样性，包括但不限于：

在职人员：希望通过提升学历或技能来增强职场竞争力。

中高层管理人员：需要提升管理能力和决策水平。

专业人士：追求专业领域的深入研究和资格认证。

跨行业转行人员：需要获得新行业的知识和技能。

社会人士：出于个人兴趣或提升综合素质的目的。

二、需求调研的重要性

需求调研是了解目标群体需求、期望和偏好的过程。它对于制定教育政策、设计课程内容、优化教学方法和提高教育质量具有重要意义。通过有效的需求调研，教育机构可以提供更加贴合市场需求的教育服务，从而提高学习者的满意度和教育的社会影响力。

需求调研和分析方法包括但不限于：

问卷调查法：问卷调查是一种广泛使用的数据收集方法。通过设计包含封闭问题和开放问题的问卷，可以收集大量数据。问卷可以通过邮件、在线平台或社交媒体进行分发，以提高回收率和参与度。问卷设计应确保问题的针对性和可操作性，以便收集到有价值的信息。

深度访谈法：深度访谈是一种定性研究方法，通过一对一的对话深入了解个体的需求和动机。访谈可以是结构化的，也可以是半结构化或非结构化的。深度访谈有助于揭示受访者的真实想法和感受，为教育服务的设计和改进提供依据。

焦点小组法：焦点小组是一种集体讨论方法，通过组织一小群目标群体的代表进行有组织地讨论，收集他们对特定主题的意见和反馈。焦点小组的优势在于能够激发集体智慧，发现新的见解和趋势。

观察法：观察法是通过观察目标群体在自然环境中的行为来收集数据。例如，可以观察在职人员在工作中的学习行为、时间分配和互动模式，以了解他们在继续教育过程中可能遇到的挑战和偏好。

数据分析法：数据分析法涉及对已有数据的挖掘和分析，如历史报名数据、学习成绩、满意度调查等。通过统计分析和数据挖掘技术，可以发现目标群体的行为模式、学习成效和满意度等关键指标。

SWOT分析法：SWOT分析是一种战略规划工具，用于评估高等学历继续教育项目的优势、劣势、机会和威胁。通过SWOT分析，可以全面了解继续教育项目的内外部环境，为制定策略和改进措施提供依据。

德尔菲法：德尔菲法是一种通过专家意见进行预测和决策的方法。通过向一组专家发送问卷，收集他们对高等学历继续教育未来发展的看法和建议。德尔菲法的优点是能够综合多位专家的意见，提高决策的科学性和准确性。

三、需求分析的关键点

职业发展需求：分析目标群体在当前和未来职业生涯中可能面临的挑战，以及他们希望通过继续教育获得的技能和知识。

学习方式偏好：了解目标群体对学习方式的偏好，如线上学习、面授课程、混合学习等，以及他们对学习时间和地点的灵活性需求。

课程内容需求：调研目标群体对课程内容的兴趣和需求，包括专业知识、实践技能、创新思维等方面。

教育质量期望：收集目标群体对教育质量的期望，如教师资质、教学资源、学习支持服务等。

经济承受能力：分析目标群体对教育费用的经济承受能力，以及他们对奖学金、贷款等财务支持的需求。

高等学历继续教育的目标群体需求调研和分析是一个复杂而重要的过程。通过采用多种方法和工具，高等学校与教育机构可以更准确地了解和满足目标群体的需求，从而提供更有效的教育服务，促进个人和社会的发展。为了完整地阐述目标群体的需求调研和分析方法，需要进一步深入探讨每一种方法的应用场景、实施步骤、优势和局限性，以及如何将调研结果转化为教育服务改进的实际措施。此外，还应考虑如何持续跟踪和评估教育服务的效果，以实现持续改进和满足不断变化的需求。

第三节　行业趋势和职业发展需求

《高等学历继续教育专业设置管理办法》指出，"各地各高校要按照成人学习特点和教学规律，做好专业与课程体系建设，完善人才培养方案，增强人才培养的针对性和适用性，不断提高人才培养质量"。为切实推进教育教学的供给侧结构性改革，制定科学合理的高等学历继续教育培养方案，就需要对高等学历继续教育行业趋势、经济社会发展需求和学习者个性化的发展需求做精准分析和把握。

一、高等学历继续教育行业趋势

（一）数字化和在线学习的兴起

随着互联网技术的飞速发展，数字化和在线学习成为继续教育的重要组成部分。在线课程、远程教育、虚拟课堂等多种形式的在线教育平台，为在职人员提供了灵活、便捷的学习方式。此外，大数据、人工智能等技术的应用，使得个性化学习路径和智能推荐系统成为可能，进一步提升了学习效率和体验。

（二）终身学习理念的普及

在知识经济时代，终身学习已成为个人职业发展的必要条件。高等学历继续教育不再局限于传统的学位教育，而是涵盖了各类短期培训、证书课程、工作坊等多种形式，以满足个人不断更新知识和技能的需求。

(三) 国际化和跨文化交流

全球化的推进使得国际合作和跨文化交流日益频繁。高等学历继续教育开始注重培养具有国际视野和跨文化沟通能力的人才，提供多语种教学、国际合作项目、海外交流机会等，以适应全球化的市场需求。

(四) 产教融合和实践导向

企业和行业对人才的需求日益专业化和实践化。高等学历继续教育正逐渐从理论导向转向实践导向，与企业和行业紧密结合，开发符合市场需求的课程，提供实习、实训等实践机会，以提高学习者的职业技能和就业竞争力。

(五) 个性化和定制化服务

个性化和定制化服务是继续教育发展的重要趋势。教育机构通过深入了解学习者的需求和特点，提供定制化的课程方案、学习路径和辅导服务，以满足不同学习者的个性化需求。

二、职业发展需求

(一) 技能更新和提升

随着科技的快速进步和产业结构的调整，许多职业所需的技能也在不断变化。个人需要通过继续教育来更新和提升自己的技能，以适应新的工作要求和挑战。这包括专业技能、软技能、管理能力等各个方面。

(二) 职业转型和再就业

在职业生涯中，许多人可能会面临职业转型或再就业的需求。继续教育提供了相关的课程和培训，帮助个人了解新行业的知识体系，掌握必要的技能，从而实现职业的平稳过渡。

(三) 职业晋升和发展

对于许多在职人员来说，继续教育是实现职业晋升和发展的重要途径。通过获取更高的学历、专业资格认证或管理培训，个人可以提升自己在职场上的竞争力和影响力，实现职业生涯的进一步发展。

（四）个人兴趣和自我实现

除了职业发展的需求，许多人也出于个人兴趣和自我实现的目的参加继续教育。无论是学习新的兴趣爱好、提升个人素质，还是追求学术研究和创新，继续教育都能提供相应的课程和资源。

高等学历继续教育行业的趋势和职业发展需求是相互影响、相互促进的。高等学校、教育机构和政策制定者需要紧跟行业趋势，不断优化和创新教育服务，以满足个人和市场的需求。同时，受教育者也应该积极规划自己的职业发展路径，通过继续教育不断提升自身的能力和价值，以适应不断变化的社会和经济环境。

第二章

高等学历继续教育质量保证

　　高等学历继续教育作为终身学习体系的重要组成部分，对于提升个人职业能力、促进社会经济发展具有重要意义。然而，随着继续教育市场的不断扩大，如何保证教育质量成为亟待解决的问题。

第一节　教育质量的定义和重要性

一、高等学历继续教育质量的定义

　　高等学历继续教育质量是指高等学校与教育机构在提供教育服务过程中，满足学习者需求、达到教育目标和标准的程度。它不仅包括教育的输入和过程，还涉及教育的输出和结果。教育质量是衡量继续教育成效的核心指标，它不仅关系到学习者的个人发展，也是高等学校与教育机构可持续发展的关键。具体来说，高等学历继续教育质量可以从以下几个方面来定义。

（一）教育内容的质量

　　教育内容的质量是衡量继续教育质量的基础。它涉及课程设置的科学性和合理性，教学内容的时效性和实用性，以及是否能够满足学习者的职业发展需求。高质量的教育内容应当反映最新的学术研究成果和行业发展趋势，同时结合学习者的实际工作经验和需求，提供针对性的知识和技能培训。此外，教育内容的设计还应当注重跨学科的整合和实践应用，以培养学习者的创新能力和解决问题的能力。

（二）教学过程的质量

教学过程的质量直接影响学习者的知识掌握和能力提升。高质量的教学过程应当采用先进的教学方法和技术，如案例教学、翻转课堂、在线学习等，以提高教学的互动性和参与度。同时，教学过程中应当注重学习者的个性化需求和差异，提供灵活的学习路径和支持。此外，学习环境的建设也是教学过程质量的重要组成部分，包括教室设施、网络资源、学习工具等，都应当为学习者提供舒适、便捷、高效的学习条件。

（三）教师团队的质量

教师团队是继续教育质量的重要保障。高质量的教师团队应当具备丰富的学术背景和教学经验，能够根据学习者的需求和特点，提供专业的教学指导和学术支持。教师应当不断更新自己的知识和技能，跟踪最新的教育趋势和技术发展，以提高教学质量和效果。同时，教师还应当具备良好的沟通能力和教育情怀，关心学习者的成长和发展，激发学习者的学习兴趣和动力。

（四）学习资源的质量

学习资源是支持学习者自主学习和研究的重要条件。高质量的学习资源包括丰富的图书资料、专业的数据库、先进的实验设施等。高等学校与教育机构应当建立完善的学习资源体系，为学习者提供广泛、深入、及时的学习材料和工具。此外，学习资源的获取和使用应当方便、快捷、高效，以满足学习者不同时间和地点的学习需求。

（五）教育管理的质量

教育管理的质量关系到学习者的整体学习体验和满意度。高等学校与教育机构应当建立规范的管理体系和服务流程，确保教育项目的顺利实施和高效运营。这包括学习者的招生、注册、选课、考试、评价等各个环节，都应当规范、透明、高效。同时，高等学校与教育机构还应当注重与学习者的沟通和反馈，及时解决学习者的问题和需求，提高服务质量和学习者满意度。

（六）教育成果的质量

教育成果的质量是衡量继续教育成效的最终标准。学习者在完成教育过程后，是否能够达到预期的学习效果，如知识增长、技能提升、职业发展等，是评价教育质量的关键。高质量的教育成果应当体现在学习者的个人成长和职业发展上，帮助学习者实现自我价值和社会价值。此外，教育成果的评价还应当科学、客观、全面，以真实反映教育的成效和价值。

总之，高等学历继续教育质量是一个多维度、多层次的概念，它涉及教育的各个方面和环节。高等学校与教育机构应当从教育内容、教学过程、教师团队、学习资源、教育管理和教育成果等多个方面，全面提升教育质量，满足学习者的需求，达到教育目标和标准，为社会培养更多高素质的人才。通过不断地努力和创新，高等学历继续教育将更好地服务于学习者和社会的发展。

二、高等学历继续教育质量的重要性

高等学历继续教育作为终身教育体系的重要组成部分，对于个人发展、社会进步和国家竞争力的提升都具有深远的影响。教育质量的重要性不仅体现在满足学习者的需求上，还体现在提升教育的社会价值、促进经济社会发展、实现教育公平和提高国际竞争力等多个方面。高等学历继续教育质量是衡量教育服务水平的重要指标，对于满足学习者需求、提升教育的社会价值、促进经济社会发展、实现教育公平和提高国际竞争力具有重要意义。

（一）满足学习者需求

高质量的继续教育能够更好地满足学习者的职业发展需求和个人成长愿望。在知识经济时代，个人的职业发展越来越依赖于持续学习和能力提升。高质量的继续教育能够提供与市场需求相匹配的教育内容和教学方法，帮助学习者掌握前沿的知识和技能，提升自身的竞争力。此外，继续教育还能够满足学习者多样化的学习需求，如职业转型、兴趣爱好发展等，为学习者提供个性化的学习路径和支持。

（二）提升教育的社会价值

教育质量的高低直接影响到高等学校与教育机构的声誉和社会影响力。高质量的继续教育不仅能够提升高等学校与教育机构的品牌价值，还能够吸引更多的优秀师资和学习者，形成良好的教育生态。这种教育生态能够促进知识的创新和传播，提高社会的整体文化素质和科技水平。同时，高质量的继续教育还能够为社会提供更多的专业人才和创新成果，推动社会进步和发展。

（三）促进经济社会发展

高质量的继续教育有助于培养高素质的人才，推动科技创新和产业升级，从而促进经济社会的持续健康发展。在全球化和信息化的背景下，科技创新和产业升级是推动经济发展的关键因素。高质量的继续教育能够为学习者提供最新的科技知识和管理技能，帮助他们在各自的领域中进行创新和创业。同时，继续教育还能够促进产业结构的优化和升级，提高经济的竞争力和可持续发展能力。

（四）实现教育公平

高质量的继续教育能够为不同背景的学习者提供平等的学习机会，缩小社会各阶层之间的知识差距，促进教育公平和社会公正。在现代社会，教育公平是实现社会公正和和谐的重要途径。高质量的继续教育能够为在职人员、农村居民、残疾人等特殊群体提供便利的学习条件和资源，使他们有机会提升自己的知识和技能，改善生活状况和社会地位。此外，继续教育还能够通过远程教育和在线学习等方式，打破地域和时间的限制，为更广泛的群体提供学习机会。

（五）提高国际竞争力

在全球化背景下，高质量的继续教育有助于提升国家的教育水平和国际竞争力，吸引国际学生和专业人才，推动国际交流与合作。随着全球化的深入发展，国际人才的竞争日益激烈。高质量的继续教育能够提升国家的教育质量和国际影响力，吸引更多的国际学生和专业人才来学习和工作。这不仅能够促进文化的交流和融合，还能够为国家的发展引入新的思维方式和管理经验。同时，高质量的继续教育还能够通过国际合作项目和学术交流等方式，推动教育和科研的国际化发展，提升国家的软实力和国际地位。

总之，高等学历继续教育质量的提升对于学习者个人、教育机构、社会乃至国家都具有重要的意义。只有不断提升教育质量，才能够更好地满足学习者的需求，提升教育的社会价值，促进经济社会的发展，实现教育公平，提高国际竞争力。高等学校与教育机构应当不断探索和创新，通过提供高质量的教育服务，为学习者和社会创造更大的价值。为了更好地保障高等学历继续教育质量，高等学校、教育机构、政策制定者和社会各界应在考虑如何结合不同地区和行业的实际情况基础上，共同努力，通过制定严格的教育标准、加强师资队伍建设、更新课程内容、采用多元化教学方法、建立评估反馈机制等措施，实施针对性的质量保证策略，不断提升高等学历继续教育的质量，为学习者和社会创造更大的价值。

第二节 质量管理体系的构建

构建一个有效的高等学历继续教育质量管理体系对于确保教育服务满足学习者需求、促进高等学校与教育机构持续改进和提升教育质量至关重要，一个全面的质量管理体系不仅能够提高教育的内在价值，还能够增强高等学校与教育机构的外部形象和竞争力。

一、质量管理体系的核心要素

（一）质量管理理念

质量管理理念是构建质量管理体系的基础。高等学校与教育机构必须将质量视为继续教育高质量发展的核心，确保所有决策和活动都围绕提升继续教育质量进行。这要求高等学校与教育机构从领导层到普通员工，都应具有强烈的质量意识，将质量作为工作的第一要务。此外，高等学校与教育机构还应鼓励优秀教育实践的分享和推广，对质量改进的持续投入，以实现教育质量的持续提升。

（二）质量政策和目标

明确的质量政策和目标是指导高等学校与教育机构进行继续教育活动的蓝图。高等学校与教育机构应制定具体、可衡量的质量目标，并确保这些目标与教育机构的使命和战略目标相一致。质量目标应全面覆盖教育内容、教学方法、学习资源、学生服务等多个方面，以确保教育质量的全面提升。同时，高等学校与教育机构还应定期检查和更新质量政策和目标，以适应教育环境的变化和学习者需求的发展。

（三）组织结构和职责分配

一个清晰的组织结构和明确的职责分配对于质量管理体系的有效运作至关重要。高等学校与教育机构应设立专门的质量管理团队，负责制定和执行质量管理策略，并监督质量管理活动的实施。同时，高等学校与教育机构还应确保每个部门和个人都了解自己在质量管理中的角色和责任，形成全员参与的质量管理文化。

（四）流程和程序

标准化的流程和程序是确保继续教育质量一致性和可预测性的关键。高等学校与教育机构应制定详细的教学管理流程、学生服务流程、质量评估流程等，并确保这些流程得到有效执行。这些流程和程序应当涵盖教育活动的各个环节，从课程设计、教学实施到学生评估、反馈收集等，确保每个环节都有明确的规定和标准。

（五）资源保障

充足的资源是实施继续教育质量管理体系的前提。这包括教学设施、学习材料、信息技术支持、财务预算等。高等学校与教育机构应确保资源的有效配置和利用，以支持质量管理活动。此外，高等学校与教育机构还应注重资源的持续更新和升级，以适应教育技术的发展和学习者需求的变化。

（六）持续改进机制

持续改进是继续教育质量管理体系的核心原则。高等学校与教育机构应建立一个开放的反馈机制，鼓励学生、教师和其他利益相关者提出改进建议。高等学校与教育机构应定期收集和分析这些反馈信息，识别教育活动中的问题和不足，及时进行调整和改进。同时，高等学校与教育机构还应定期审查和更新质量管理流程和策略，以适应教育环境的变化。

（七）质量监控和评估

定期的质量监控和评估是确保教育质量的重要手段。高等学校与教育机构应采用定量和定性的方法，对教学质量、学生满意度、学习成果等进行评估，并根据评估结果进行调整和改进。高等学校与教育机构还应建立内部和外部的质量审核机制，确保教育质量的持续提升和符合相关标准和要求。

通过上述七个核心要素的实施，高等学校与教育机构可以构建一个全面、有效的质量管理体系，确保继续教育服务的高质量和持续改进。这不仅能够提升学习者的满意度和教育机构的声誉，还能够为社会培养更多高素质的人才，促进经济社会的发展。

二、质量管理体系的构建步骤

构建一个有效的高等学历继续教育质量管理体系是一个复杂而系统的过程，它要求教育机构全面考虑内外部因素，确保教育服务的高质量和持续改进。

（一）需求分析和市场调研

在构建质量管理体系之前，高等学校与教育机构首先需要进行深入的需求分析和市场调研。这一步骤是整个体系建设的基础，它要求高等学校与教育机构深入了解学习者的需求、行业趋势和竞争环境。通过问卷调查、访谈、焦点小组等多种形式，高等学校与教育机构可以收集到关于学习者背景、学习动机、知识技能需求等第一手资料。同时，市场调研可以帮助教育机构了解行业发展趋势、就业市场变化、竞争对手情况等外部信息。这些信息将为制定质量政策和目标提供重要依据。

（二）制定质量政策和目标

基于需求分析和市场调研的结果，高等学校与教育机构接下来需要制定全面的质量政策，并设定具体、可衡量的质量目标。质量政策是指导整个高等学校与教育机构质量管理活动的基本原则和方针，它应当体现高等学校与教育机构的质量理念和承诺。质量目标则是高等学校与教育机构在一定时期内希望达到的具体成果，它们应当和高等学校与教育机构的使命和战略目标相一致，涵盖教育内容、教学方法、学习资源、学生服务等多个方面。质量目标的制定应当具有可操作性，以便于后续的执行和评估。

（三）设计组织结构和流程

在明确了质量政策和目标之后，高等学校与教育机构需要设计一个支持质量管理的组织结构。这包括建立质量管理团队、明确各部门和个人的职责、制定教学和服务流程等。组织结构的设计应当确保信息流通顺畅、决策高效、责任明确。同时，高等学校与教育机构还应当制定标准化的教学和服务流程，确保教育活动的一致性和可预测性。这些流程应当涵盖课程设计、教学实施、学生评估、资源配置等各个环节，以便于监控和评估。

（四）资源配置和保障

资源是实施质量管理体系的物质基础。高等学校与教育机构需要根据质量目标和流程需求，合理配置教育资源。这包括教学设施、学习材料、信息技术支持、财务预算等。高等学校与教育机构应当确保资源的有效配置和利用，以支持质量管理活动。此外，高等学校与教育机构还应注重资源的持续更新和升级，以适应教育技术的发展和学习者需求的变化。

（五）实施和执行

在资源配置和保障到位之后，高等学校与教育机构应全面执行质量管理体系。这要求所有员工了解并遵守质量管理流程和要求。高等学校与教育机构应当通过培训、沟通、激励等手段，确保员工对质量管理体系的理解和执行。同时，高等学校与教育机构还应当建立监督机制，确保质量管理流程得到有效执行。

（六）监控和评估

监控和评估是确保教育质量的重要环节。高等学校与教育机构应定期进行质量监控和评估，收集反馈信息，识别问题和改进机会。高等学校与教育机构可以采用学生满意度调查、教学评估、学习成果分析等多种方法进行评估。评估结果应当用于指导教育活动的改进和优化。

（七）持续改进和更新

最后，高等学校与教育机构应根据监控和评估的结果，不断改进质量管理流程和策略。这要求高等学校与教育机构具有灵活性和适应性，能够及时响应教育环境的变化和学习者需求的发展。高等学校与教育机构应当建立持续改进机制，鼓励员工提出改进建议，定期审查和更新质量管理流程和策略。

通过上述七个步骤的实施，高等学校与教育机构可以构建一个有效的高等学历继续教育质量管理体系。然而，构建一个有效的高等学历继续教育质量管理体系是一个系统工程，涉及多个层面和要素。通过明确质量管理理念、制定质量政策和目标、设计组织结构和流程、配置资源、监控和评估以及持续改进，高等学校与教育机构可以确保教育服务的高质量，满足学习者的需求，促进教育机构的持续发展和社会贡献。

第三节　教育质量评估和监控方法

为了确保教育服务的质量，建立有效的质量评估和监控机制是必不可少的。这些机制不仅可以帮助教育机构了解教育服务的现状、识别问题、制定改进措施，还能够持续提升教育质量，满足学习者和社会的需求。

一、质量评估的目的和原则

质量评估的主要目的是确保教育服务满足学习者的需求、达到既定的教育目标，并不断改进和提升。具体可分为以下几点。

（一）满足学习者需求

通过质量评估，高等学校与教育机构可以了解学习者对教育服务的满意度和需求，从而调整教育内容和服务方式，更好地满足学习者的期望和需求。

（二）达到教育目标

质量评估可以帮助高等学校与教育机构判断教育服务是否达到了既定的教育目标，如知识传授、技能培养、素质提升等，确保教育成果的有效性。

（三）持续改进和提升

通过定期的质量评估，高等学校与教育机构可以发现教育服务中存在的问题和不足，制定相应的改进措施，实现教育质量的持续提升。

在进行质量评估时，应遵循以下原则：

1. 系统性：质量评估应当全面考虑教育服务的各个方面，包括课程内容、教学方法、教师质量、学习资源、学生服务等。这种系统性的评估可以确保高等学校与教育机构对教育服务有一个整体的把握，发现潜在的问题和改进空间。

2. 客观性：质量评估应当基于事实和数据，避免主观偏见和个人情感的影响。这意味着评估过程中应当采用科学的方法和工具，如问卷调查、数据分析、观察记录等，确保评估结果的准确性和可信度。

3. 公正性：质量评估的过程应当公开透明，确保所有利益相关者的意见和反馈都得到充分考虑。这包括学习者、教师、管理人员、行业专家等，他们的参与可以增加评估的多元性和全面性。

4. 持续性：质量评估不应当是一次性的活动，而应当是一个持续的过程。高等学校与教育机构应当定期进行质量评估，跟踪教育服务的变化和发展，实现教育质量的持续改进。

二、质量评估的方法

为了实现上述目的和原则，教育机构可以采用多种质量评估方法和工具。

（一）自我评估

自我评估是高等学校与教育机构内部进行的一种自我反思和自我监控活动。通过自我评估，高等学校与教育机构可以识别自身的优势和不足，制定改进措施。自我评估通常包括内部审核、教学评估、学生反馈等。

（二）同行评审

同行评审是由其他教育机构或专业评估机构对高等学校与教育机构进行的评估。这种评估可以提供外部的视角和专业的意见，帮助高等学校与教育机构发现问题和改进机会。

（三）学生评估

学生评估是通过收集学生的学习体验和反馈来评估教育质量。这种评估可以包括课程满意度调查、教学评价、学习成果评估等。

（四）外部评估

外部评估是由第三方机构进行的独立评估。这种评估可以提供更加客观和公正的评价，有助于提升高等学校与教育机构的公信力和透明度。

（五）绩效指标评估

绩效指标评估是通过一系列量化的指标来评估教育质量。这些指标可以包括毕业率、就业率、学生留存率、教师资格比例等。

（六）问卷调查

通过设计科学的问卷，收集学习者、教师和其他利益相关者的反馈和意见，了解教育服务的满意度和需求。

（七）访谈和焦点小组

通过一对一的访谈或小组讨论，深入了解学习者和教师对教育服务的看法和建议。

（八）教学观察

通过现场观察或录像回放，分析教师的教学方法和学习者的学习行为，评估教学效果和学习环境。

（九）学习成果分析

通过考试、作业、项目等学习成果的分析，评估学习者的知识掌握和技能发展。

（十）数据挖掘和分析

利用教育管理系统中的数据，进行深入的数据分析，发现教育服务的趋势和问题。

三、质量监控的机制

（一）定期审查

定期审查是质量监控的基础。高等学校与教育机构应定期审查教育服务的各个方面，确保它们符合既定的标准和目标。

（二）实时监控

实时监控是通过持续跟踪教育服务的关键指标来及时发现问题和趋势。这种监控可以通过学习管理系统、教学平台等技术工具来实现。

（三）数据分析

数据分析是通过对收集到的数据进行分析来评估教育质量。这包括对学生的学习成绩、满意度调查结果、教师评价等数据进行统计分析。

（四）反馈机制

反馈机制是质量监控的重要组成部分。高等学校与教育机构应建立有效的反馈渠道，鼓励学生、教师和其他利益相关者提供反馈，并及时响应这些反馈。

四、质量评估的实施和改进

高等学校与教育机构在实施质量评估时，应当注意以下几个方面。

（一）制定评估计划

明确评估的目的、对象、方法、时间表等，确保评估活动的有序进行。

（二）培训评估人员

对参与评估的人员进行专业培训，提高他们的评估能力和素质。

（三）收集和分析数据

采用多种方法和工具，收集全面、准确的数据，并进行深入的分析和解读。

（四）制定改进措施

根据评估结果，制定具体的改进措施和行动计划，明确责任人和完成时间。

（五）跟踪和反馈

对改进措施的实施情况进行跟踪，定期向利益相关者反馈进展和成果。

高等学历继续教育的质量评估和监控是确保教育服务质量的重要手

段。通过自我评估、同行评审、学生评估、外部评估、绩效指标评估、问卷调查、焦点讨论、成果分析和数据挖掘等方法，以及定期审查、实时监控、数据分析和反馈机制等监控手段，高等学校与教育机构可以全面了解教育服务的现状，识别和解决问题，实现教育质量的持续改进。

第三章

高等学历继续教育特色发展

　　高等学历继续教育的特色发展是提升教育质量和满足学习者需求的重要途径。通过教育内容、形式、服务和管理的创新和多样化，高等学历继续教育可以更好地服务于社会和经济发展，促进个人终身学习和职业发展。

第一节　特色教育项目的设计理念

　　高等学历继续教育特色教育项目是指针对特定学习者群体，结合社会需求和教育资源设计的具有独特教育目标和内容的教育项目。这些项目旨在提供差异化、个性化的学习体验，满足学习者多样化的学习需求，促进其职业发展和个人成长。设计理念是特色教育项目成功实施的基础，它决定了项目的方向、结构和效果。

一、设计理念的核心要素

（一）学习者为中心

特色教育项目的设计应始终以学习者为中心，关注学习者的需求、兴趣和职业目标。这要求高等学校与教育机构深入了解目标学习者群体,包括他们的背景、经验和期望,以便为他们提供最合适的教育服务。

(二) 市场导向

教育项目应紧密结合市场需求和行业发展趋势。这意味着教育内容和技能培训应与就业市场的需求相匹配,确保学习者通过教育项目获得的知识和技能具有实际应用价值。

(三) 创新与实用性

特色教育项目应注重创新,引入新的教学理念、方法和技术,同时保证教育内容的实用性。创新可以是教学方法的创新,如采用项目式学习、翻转课堂等,也可以是教育技术的创新,如利用在线平台、虚拟现实等。

(四) 灵活性与可持续性

教育项目的设计应具有灵活性,能够适应学习者和市场的变化。同时,项目应具有可持续性,能够在长期内为学习者提供持续的教育支持和服务。

(五) 质量保证

保证教育质量是特色教育项目设计的重要目标。这要求高等学校与教育机构建立严格的质量管理体系,对教育内容、教学过程、学习成果等进行持续监控和评估。

二、设计理念的实施步骤

在当今快速发展的社会中,教育理念的更新换代显得尤为重要。高等学校与教育机构在设计和实施教育项目时,必须遵循一系列科学、系统的步骤,以确保教育质量的持续提升和教育目标的有效实现。

(一) 需求分析

需求分析是教育项目设计的第一步,也是至关重要的一步。高等学校与教育机构需要通过深入的市场调研和学习者调查，全面了解目标群体的具体需求和市场的变化趋势。这包括但不限于对学习者的年龄、性别、职业背景、学习动机、知识水平等方面的了解，同时也要关注行业发展趋势、就业市场需求等外部因素。通过这些信息的搜集和分析，教育机构可以更准确地把握教育项目的方向和重点，为后续的步骤打下坚实的基础。

（二）目标设定

在需求分析的基础上，高等学校与教育机构需要明确教育项目的教育目标和学习成果。这些目标应当具体、可衡量，并且与学习者的需求和市场的需求相一致。教育目标的设定应当考虑到知识传授、技能培养、素质提升等多个方面，确保学习者在完成教育项目后能够达到预期的成长和发展。同时，高等学校与教育机构还应当根据目标群体的特点和需求，设定差异化的教育目标，以满足不同学习者的需求。

（三）内容开发

内容开发是教育项目设计的核心环节。高等学校与教育机构所设计的教育内容和课程体系要确保既有创新性又具有实用性，能够满足学习者的职业发展需求。这要求高等学校与教育机构不断更新教学内容，引入最新的知识和技术，同时也要注重课程的系统性和连贯性。在内容开发过程中，高等学校与教育机构应当注重理论与实践的结合，通过案例分析、项目实践等方式，提高学习者的应用能力和解决问题的能力。

（四）教学设计

教学设计环节关注的是如何将教育内容有效地传授给学习者。高等学校与教育机构应采用多样化的教学方法和学习方式，如在线学习、实践教学、小组讨论等，提高学习的互动性和参与度。教学设计还应当考虑到学习者的学习习惯和偏好，提供个性化的学习路径和资源。此外，高等学校与教育机构还应当注重培养学习者的自主学习能力和批判性思维能力，帮助他们在未来的学习和工作中更好地适应和创新。

（五）资源配置

资源配置是确保教育项目顺利实施的重要保障。高等学校与教育机构应合理配置教育资源，包括教师、教材、教学设施等。教师是教育项目成功的关键因素，高等学校与教育机构应当注重教师队伍的建设和发展，提供持续的培训和支持。教材应当紧跟时代发展，反映最新的教育理念和知识体系。教学设施则应当满足多样化教学的需求，提供良好的学习环境和技术支持。

（六）质量监控

质量监控是教育项目设计和实施过程中不可或缺的环节。高等学校与教育机构应建立质量监控机制，对教育项目的各个环节进行评估和反馈。这包括对教学内容、教学方法、学习成果等方面的监控，以及对教师、教材、教学设施等资源的评估。通过质量监控，高等学校与教育机构可以及时发现问题和不足，及时调整和改进，确保教育项目的质量。

（七）持续改进

持续改进是教育项目设计和实施的最终目标。高等学校与教育机构应根据质量监控的结果和学习者的反馈，不断优化教育项目的设计和实施，提升教育质量。这要求高等学校与教育机构保持开放的心态，积极吸收新的教育理念和技术，不断探索和实践更有效的教育方法。同时，高等学校与教育机构还应当注重与社会的联系和合作，了解社会的需求和变化，使教育项目更加贴近实际，更好地服务于学习者和社会的发展。

通过以上七个步骤，高等学校与教育机构可以设计和实施高质量的教育项目，满足学习者的需求，促进学习者的成长和发展，同时也为社会的进步和发展做出贡献。教育是一项长期的、复杂的任务，需要高等学校与教育机构不断地学习、探索和创新，以适应不断变化的社会和市场需求。

高等学历继续教育特色教育项目的设计理念是确保教育服务满足学习者需求、促进学习者职业发展和个人成长的关键。通过以学习者为中心、市场需求导向、创新与实用性、灵活性与可持续性、质量保证等核心要素，以及需求分析、目标设定、内容开发、教学设计、资源配置、质量监控和持续改进等实施步骤，高等学校与教育机构可以设计和实施成功的特色教育项目，为学习者提供高质量的教育服务。

第二节　创新教学方法和学习技术的应用

高等学历继续教育是针对已经获得一定学历水平的在职人员或其他成年人开展的教育活动，旨在帮助他们更新知识、提高技能、拓宽视野，以适应社会发展和个人职业发展的需要。随着信息技术的快速发展和教育领域的不断革新，特色发展、创新教学方法和学习技术的应用在高等学历继续教育中扮演着越来越重要的角色。

一、高等学历继续教育特色发展路径、模式与理念

特色发展是高等学历继续教育的核心理念，它强调个性化学习路径、灵活的学习模式和终身学习理念，以满足不同学习者的需求，促进其个人和职业发展。

（一）个性化学习路径

个性化学习路径是一种创新的教育模式，它强调根据每个学习者的具体情况，如职业背景、知识水平和学习需求，提供定制化的学习计划和课程内容。这种教育方式的核心在于尊重和发挥每个学习者的独特性，通过个性化的教学策略和资源配置，促进学习者的知识掌握和能力提升。

个性化教学的优势在于：

个性化教学：教师可以根据学习者的个人特点和需求，调整教学策略和内容。这种一对一的教学方式能够更好地满足学习者的需求，提高教学质量和效果。教师可以通过观察和交流，了解学习者的学习风格、兴趣点和难点，从而提供更加针对性的指导和帮助。

学习效率提升：个性化学习路径能够让学习者在自己最擅长和感兴趣的领域深入学习。这种方式能够激发学习者的学习兴趣和动力，提高学习效率。同时，学习者可以根据自己的节奏和进度进行学习，避免传统教育中的"一刀切"现象，减少学习压力和挫败感。

职业发展支持：个性化学习路径能够帮助学习者更好地规划职业发展。教育机构可以根据学习者的职业目标和行业需求，提供相关的课程和实践机会，提升学习者在职场的竞争力。此外，个性化学习路径还能够促进学习者的自我认知和自我管理能力，为其职业生涯的长远发展打下坚实的基础。

实现个性化学习路径的策略为：

深入分析学习者需求：高等学校与教育机构需要通过问卷调查、面谈等方式，深入了解学习者的背景、需求和期望。这包括学习者的教育背景、工作经验、兴趣爱好、学习目标等信息。通过这些数据的分析，高等学校与教育机构可以为每个学习者制定更加合适的学习计划和课程内容。

提供多样化课程选择：高等学校与教育机构应设计多样化的课程体系，包括不同难度、领域和形式的课程，以适应不同学习者的需求。这些课程应当涵盖基础课程、专业课程、选修课程等多个层次，同时提供线上和线下的学习方式，满足学习者的多样化学习需求。

建立学习者档案：高等学校与教育机构应为每个学习者建立详细的学习档案，记录其学习历程和成果。这些档案不仅包括学习成绩和评价，还应包括学习者的参与度、学习风格、兴趣点等信息。通过学习者档案，高等学校与教育机构可以为其提供持续的学习支持和职业规划建议，帮助学习者实现个人成长和职业发展。

个性化学习路径的实施挑战与对策有以下几点：

资源配置：个性化学习路径的实施需要大量的教育资源，包括教师、教材、教学设施等。教育机构需要合理配置这些资源，确保每个学习者都能得到充分的关注和支持。同时，高等学校与教育机构还需要不断更新和完善教育资源，以适应不断变化的教育需求和市场趋势。

教师培训：教师是个性化学习路径实施的关键。高等学校与教育机构需要对教师进行专业的培训，提高他们的个性化教学能力和职业指导能力。教师应当具备良好的沟通技巧、创新意识和终身学习的能力，以适应个性化教育的挑战。

技术支持：随着信息技术的发展，高等学校与教育机构可以利用各种在线平台和工具，支持个性化学习路径的实施。这些技术可以提供个性化的学习资源、在线评估和反馈、学习数据分析等服务，帮助高等学校与教育机构和学习者更好地管理和优化学习过程。

评估与反馈：高等学校与教育机构需要建立有效的评估和反馈机制，对个性化学习路径的实施效果进行持续的监测和评价。这包括对学习者的学习成果、教师的教学质量、课程的适宜性等方面进行评估。通过评估和反馈，高等学校与教育机构可以及时调整和改进教育策略，提高教育质量。

通过上述策略的实施，个性化学习路径能够为学习者提供更加个性化、高效和有针对性的教育服务。教育机构应当不断探索和创新，克服实施过程中的挑战，以实现教育的个性化和优化，促进学习者的全面发展和职业成功。

（二）灵活的学习模式

在现代社会，成年人的学习需求日益多样化，他们往往需要在工作、家庭和学习之间寻找平衡。为了满足这种需求，高等学校与教育机构正在努力提供更加灵活的学习模式，以帮助成年人更好地安排学习时间，提高学习效率和质量。灵活的学习模式不仅能够提高教育机构的教育服务能力，还能够扩大教育的覆盖范围，促进终身学习理念的普及。

线上学习：线上学习是灵活学习模式的重要组成部分，它通过网络平台提供课程和资源，使学习者能够随时随地进行学习。线上学习的优势在于其便捷性和可访问性，学习者可以根据自己的时间安排选择学习，不受地理位置的限制。线上学习可以包括视频课程、在线讲座、互动讨论、虚拟实验室等多种教学形式，为学习者提供丰富的学习资源和体验。

兼职学习：兼职学习允许学习者在保持工作的同时进行学习，这种学习模式特别适合那些需要工作以支持自己和家庭的成年人。高等学校与教育机构可以通过夜校、周末班、暑期课程等形式提供兼职学习机会，使学习者能够在工作之余获得教育和提升。兼职学习不仅能够帮助学习者提升职业技能，还能够增强其职业竞争力和发展潜力。

模块化学习：模块化学习是另一种灵活的学习模式，它将课程分解为独立的模块，学习者可以根据自己的时间和进度选择学习。模块化学习的优势在于其灵活性和个性化，学习者可以根据自己的学习目标和兴趣选择学习特定的模块，同时也可以根据自己的学习进度调整学习计划。模块化学习适合于那些需要在多个任务之间切换的成年人，使他们能够在繁忙的生活中有效地管理学习时间。

为了实现灵活的学习模式，高等学校与教育机构需要采取以下措施：

建立完善的在线教育平台：高等学校与教育机构需要投入资源建立稳定、易用的在线学习环境，提供包括视频课程、在线讨论、作业提交、在线考试等功能。这个平台应当具有良好的用户体验和技术支持，确保学习者可以无障碍地访问和使用学习资源。

提供灵活的课程安排：高等学校与教育机构应当设计多样化的课程时间表，以满足不同学习者的时间需求。除了传统的全日制课程外，还可以提供夜校、周末班、短期集中课程等多种形式，使学习者可以根据自己的工作和生活安排选择最合适的学习时间。

实施灵活的教学管理：高等学校与教育机构应当允许学习者根据自己的情况调整学习计划，提供补课、延期、课程调整等服务。这种灵活的教学管理可以帮助学习者克服学习过程中可能遇到的困难和挑战，确保他们能够顺利完成学习任务。

提供个性化的学习支持：高等学校与教育机构应当为学习者提供个性化的学习支持和指导，包括学习咨询、职业规划、心理咨询等服务。这些支持可以帮助学习者更好地规划和管理自己的学习过程，提高学习效果和满意度。

建立合作与伙伴关系：高等学校与教育机构可以与企业、行业组织、社区等建立合作与伙伴关系，共同开发和提供适合成年人的灵活学习项目。这种合作不仅可以丰富教育资源和内容，还可以帮助学习者更好地将学习与实际工作相结合。

通过实施这些措施，高等学校与教育机构可以为成年人提供更加灵活、高效、个性化的学习模式，满足他们在学习、工作和家庭之间的平衡需求，促进终身学习理念的实现和社会人才的培养。

（三）终身学习理念

终身学习理念是现代社会教育发展的重要趋势，它强调在整个职业生涯中不断学习和更新知识和技能，以适应社会和职业环境的快速变化。这一理念的推广和实施对于个人发展、社会进步和国家竞争力的提升都具有重要意义。终身学习理念的重要性主要在于以下几点：

适应社会变化：社会和技术的快速发展对个人提出了新的挑战和要求。新的职业不断涌现，旧的职业也在不断演变，个人必须不断学习新知识和技能，以保持自己的竞争力。终身学习使个人能够跟上时代的步伐，适应社会的变化，避免技能过时和失业的风险。

个人成长：终身学习不仅有助于个人适应社会的变化，还有助于个人不断探索新的领域和兴趣，实现自我价值和职业发展。通过学习，个人可以不断提升自己的知识水平和技能，增强自信心和成就感，实现个人潜能的最大化。

社会责任：作为社会成员，个人的素质和能力直接影响社会的和谐与发展。终身学习有助于提升公民素质，增强公民的社会责任感和参与意识，促进社会和谐发展。通过终身学习，个人可以更好地理解社会问题，参与社会活动，为社会的进步做出贡献。

为了推广终身学习理念，高等学校与教育机构需要采取以下措施：

建立终身学习体系：高等学校与教育机构应当建立从基础教育到高等教育、从职业培训到兴趣学习的全方位教育服务体系。这个体系应当能够满足不同年龄、不同背景、不同需求的学习者的学习要求，为他们提供多样化的学习机会和路径。

提供持续的学习资源：高等学校与教育机构应当建立丰富的学习资源库，包括图书、期刊、在线课程等，供学习者随时获取。这些资源应当覆盖各个领域的最新知识和技术，满足学习者的个性化和自主化学习需求。

开展终身学习宣传活动：高等学校与教育机构应当通过讲座、研讨会、媒体宣传等方式，提高社会对终身学习的认识和重视。这些活动应当突出终身学习的重要性和价值，鼓励更多的人参与到终身学习中来。

建立学习激励机制：高等学校与教育机构可以建立学习激励机制，如学习积分、学习奖励、学习认证等，以激发学习者的学习热情和动力。这些激励机制应当公平、透明、具有吸引力，能够有效地鼓励学习者持续学习和进步。

加强师资队伍建设：高等学校与教育机构应当加强师资队伍建设，培养一支具有终身学习理念和教学能力的教师队伍。这些教师应当能够引导和支持学习者进行有效的学习，帮助他们实现个人发展和社会贡献。

促进国际交流与合作：高等学校与教育机构应当加强与国际教育机构的交流与合作，引进国际先进的教育理念和教学方法，提升终身学习的质量和水平。通过国际交流与合作，学习者可以拓宽视野，了解不同文化和教育体系，增强国际竞争力。

通过上述措施的实施，高等学校与教育机构可以有效地推广终身学习理念，构建学习型社会，促进个人和社会的全面发展。终身学习不仅是一种教育模式，更是一种生活态度和社会文化，它鼓励人们不断学习、不断进步，为实现个人梦想和社会理想做出贡献。

特色发展是高等学历继续教育的核心理念，它通过个性化学习路径、灵活的学习模式和终身学习理念，为成年人提供了多样化的学习机会和资源。高等学校与教育机构需要不断创新和完善教育服务，满足学习者的个性化需求，支持他们在快速变化的社会中实现终身学习和职业发展。未来，随着技术的进步和社会的发展，特色发展将继续引领高等学历继续教育的发展方向，为学习者和社会创造更大的价值。

二、创新教学方法

在当今快速发展的教育领域，创新教学方法的应用对于提高教学质量和满足学习者多样化的学习需求具有重要意义。高等学历继续教育作为终身学习体系的重要组成部分，更需要通过创新教学方法来适应成人学习者的特点和需求。

（一）混合式教学

混合式教学是一种将传统的面对面教学与现代的在线学习相结合的教学模式。它通过线上和线下的互动，旨在提高教学效果和学习者的参与度。在混合式教学中，教师可以在课堂上讲解理论知识，同时利用在线平台提供实践练习和讨论，使学习者能够更好地理解和掌握知识。

为了有效实施混合式教学，高等学校与教育机构需要：

建立在线学习平台：提供稳定、易用的在线学习环境，包括视频讲座、在线讨论、作业提交等功能。

设计互动性强的课程内容：结合线上资源和线下活动，设计互动性强、参与度高的课程内容，如在线讨论、小组作业、实时反馈等。

提供个性化的学习支持：根据学习者的在线学习行为和反馈，提供个性化的学习指导和资源，帮助他们更有效地学习。

（二）项目导向学习

项目导向学习是一种以解决实际问题为核心的教学方法。它通过让学习者参与到真实的项目中，使他们能够在实践中应用理论知识，培养团队合作、问题解决等关键能力。项目导向学习强调学习者的主动性和参与性，鼓励他们在解决实际问题的过程中学习和成长。

为了有效实施项目导向学习，高等学校与教育机构需要：

与行业合作：与企业和行业合作，开发与实际工作紧密相关的项目，为学习者提供真实的学习场景。

培养跨学科能力：鼓励学习者跨学科学习和合作，以解决复杂的实际问题，培养他们的综合素质和创新能力。

提供持续的指导和支持：教师和行业专家应提供持续的指导和支持，帮助学习者在项目中取得成功，及时解决遇到的问题。

（三）翻转课堂

翻转课堂是一种要求学习者在课前通过视频或其他材料自学新知识的学习模式。课堂时间则用于讨论、实践和深入理解。这种方法能够激发学习者的主动性和创造性，提高学习效率。翻转课堂强调学习者在课前的自主学习，以及课堂上的互动和讨论。

为了有效实施翻转课堂，高等学校与教育机构需要：

提供高质量的预习材料：制作高质量的视频讲座、阅读材料等，为学习者提供清晰的学习目标和指导。

设计互动性强的课堂活动：在课堂上设计小组讨论、案例分析、实验操作等互动性强的活动，促进学习者的深入理解和应用。

建立有效的反馈机制：通过在线测试、作业评价等方式，及时收集学习者的反馈，调整教学内容和方法，提高教学质量。

创新教学方法的应用对于高等学历继续教育的发展至关重要。混合式教学、项目导向学习和翻转课堂等教学方法能够提高教学效果，激发学习者的学习兴趣和创造力，培养他们的实践能力和团队合作精神。高等学校与教育机构需要不断创新和完善教学方法，以适应成人学习者的特点和需求，提供高质量的教育服务。未来，随着教育技术的进一步发展和社会对终身学习需求的增加，创新教学方法将在高等学历继续教育中发挥更大的作用，为学习者和社会创造更大的价值。

三、学习技术的应用

在当今信息化和数字化时代，学习技术的应用已成为高等学历继续教育发展的关键因素。通过在线学习平台、移动学习以及虚拟现实和增强现实技术，高等学校与教育机构能够为学习者提供更加丰富、灵活和互动的学习体验。

（一）在线学习平台

在线学习平台是继续教育的重要组成部分，它通过互联网技术为学习者提供了一个便捷的学习环境。学习者可以通过平台观看视频讲座、参与在线讨论、完成作业和考试等，实现自主学习。

视频讲座：高等学校与教育机构可以录制专家和教师的讲座视频，上传到在线平台，学习者可以根据自己的时间安排观看，不受时间和地点的限制。

在线讨论：平台提供的论坛和聊天工具使学习者能够与教师和其他学习者进行实时或异步的交流和讨论，增强学习的互动性和社区感。

作业和考试：在线平台可以提供作业提交和在线考试功能，学习者可以在家中完成作业和测试，教师也可以方便地批改和反馈。

为了提高在线学习平台的效果，高等学校与教育机构需要：

优化平台界面和功能：确保平台的用户友好性和稳定性，提供清晰的导航和易于使用的功能。

丰富学习资源：提供多样化的学习资源，包括视频、文本、音频、互动模拟等，以满足不同学习者的需求。

提供技术支持和指导：为学习者提供技术支持和使用指导，帮助他们克服在线学习中可能遇到的技术障碍。

（二）移动学习

移动学习是指通过智能手机、平板电脑等移动设备进行的学习活动。随着移动设备的普及，移动学习为继续教育的学习者提供了极大的便利。

碎片化学习：学习者可以利用零散时间，如通勤、等待等，通过移动设备访问学习资源，进行碎片化学习。

即时获取信息：移动设备使得学习者能够随时随地获取最新的学习信息和资源，保持知识的更新。

个性化学习体验：移动应用可以根据学习者的学习和使用习惯，提供个性化的学习推荐和体验。

为了促进移动学习的发展，高等学校与教育机构需要：

开发移动友好的学习应用：开发适合移动设备的学习应用，提供良好的用户体验和稳定的服务。

整合线上线下学习资源：确保线上学习资源与线下教学活动的有效整合，形成互补的学习模式。

保障数据安全和隐私：采取措施保护学习者的数据安全和隐私，确保移动学习环境的安全可靠。

（三）虚拟现实和增强现实技术

虚拟现实（VR）和增强现实（AR）技术为继续教育带来了沉浸式的学习体验。通过模拟真实场景或在现实世界中添加虚拟元素，学习者能够在更加直观和互动的环境中进行学习。

模拟真实场景：VR技术可以创建一个全新的虚拟环境，让学习者体验到无法在现实中接触到的场景，如太空探索、历史事件重现等。

增强现实互动：AR技术可以在现实世界中添加虚拟信息和元素，使学习者能够在现实环境中与虚拟内容进行互动，提高学习的趣味性和实用性。

提高学习动机：沉浸式的学习环境能够激发学习者的兴趣和好奇心，提高他们的学习动机和参与度。

为了有效利用VR和AR技术，高等学校与教育机构需要：

投资相关设备和技术：购买VR头盔、AR眼镜等相关设备，引进VR和AR开发和设计技术。

开发专门的教学内容：设计与VR和AR技术相适应的教学内容和活动，确保学习者能够在沉浸式环境中有效学习。

培训教师和技术人员：为教师和技术人员提供 VR 和 AR 技术的培训，使他们能够有效地利用这些技术进行教学和支持。

学习技术的应用为高等学历继续教育带来了革命性的变化。在线学习平台、移动学习和 VR/AR 技术不仅提高了学习的便捷性和效率，还增强了学习的互动性和趣味性。高等学校与教育机构需要不断创新和适应新技术，以满足学习者的需求，提高教育质量。未来，随着技术的进一步发展，学习技术将在继续教育中发挥更大的作用，为学习者提供更加丰富和深入的学习体验。

高等学历继续教育的特色发展、创新教学方法和学习技术的应用，不仅能够提高教育质量和效率，还能够满足学习者多样化的学习需求，促进终身学习理念的实现。随着技术的不断进步，未来的继续教育将更加智能化、个性化和灵活化，为学习者提供更加丰富和高效的学习体验。

第三节　特色课程和专业建设

特色课程和专业建设是高等学历继续教育的核心内容。随着社会的快速发展，各行各业对专业人才的需求也在不断变化，特色课程和专业建设能够帮助高等学校与教育机构及时调整教学内容和方向，以培养出符合市场需求的高素质人才。同时，特色课程和专业建设为学习者提供了多样化的学习选择，有助于他们根据自身兴趣和职业规划进行学习，从而能够实现个人职业生涯的发展和提升。通过不断优化和更新课程体系，引入新的教学理念和方法，特色课程和专业建设更有助于提高教学质量，增强学习者的实践能力和创新精神。此外，在全球化背景下，特色课程和专业建设也有助于提升教育机构的国际影响力，吸引国际学生，促进国际交流与合作。特色课程和专业建设质量直接关系到教育质量和学习者的实际获得。

高等学历继续教育是面向社会各阶层成年人群提供的一种教育形式，它不仅有助于满足个人终身学习的需求，也是提升国家整体人才素质和推动社会经济发展的重要途径。特色课程和专业建设是高等学历继续教育的核心内容，对于提高教育质量和培养适应社会发展需求的人才具有重要意义。以下是对高等学历继续教育特色课程和专业建设研究的详细阐述。

一、高等学历继续教育特色课程建设

高等学历继续教育特色课程建设是当前教育改革和发展的重要方向，它旨在通过提供具有特定针对性、创新性、实用性和灵活性的课程，满足社会和学习者的多元化需求，促进学习者的职业发展和个人成长。特色课程的内涵和特点可以归纳但不限于以下几点。

（一）针对性

特色课程的针对性是指课程内容和教学目标紧密结合特定行业或领域的实际需求。这种针对性体现在课程设计上，需要对相关行业进行深入分析，了解行业发展趋势、技术革新、岗位需求等，从而设计出符合行业特点和发展趋势的课程。例如，针对IT行业的快速发展，可以开设最新的编程语言、大数据分析、人工智能等课程，以满足行业对新技术人才的需求。

（二）创新性

创新性是特色课程的核心特点之一，它要求课程设计和教学方法能够不断推陈出新，激发学习者的学习兴趣和创造力。创新性不仅体现在教学内容上，也体现在教学手段和教学模式上。例如，通过引入案例教学、模拟实训、在线互动等多样化的教学手段，可以提高课程的吸引力和互动性，使学习者在参与和体验中掌握新知识、新技能。同时，鼓励教师采用翻转课堂、项目导向学习等新型教学模式，促进学习者主动学习和深入思考。

（三）实用性

实用性是衡量特色课程质量的重要标准。特色课程应注重理论与实践的结合，强调学习成果在实际工作中的应用。这要求课程内容不仅要有理论深度，还要有实践指导意义，能够解决实际问题。例如，在企业管理类课程中，除了讲授管理理论，还应结合企业实际案例进行分析，让学习者通过案例学习理解和掌握管理知识的应用。此外，通过组织实习、实训等活动，让学习者在实际工作环境中应用所学知识，提高其实践能力。

（四）灵活性

灵活性是指特色课程能够适应不同学习者的需求，提供多样化的学习方式和学习路径。这种灵活性体现在课程设置上，可以根据学习者的工作背景、学习经验和个人兴趣，提供不同层次和类型的课程。例如，对于初学者，可以提供基础性、入门性的课程；对于有一定基础的学习者，则可以提供进阶性、深入性的课程。同时，特色课程还应提供线上学习、线下学习、混合学习等多种学习方式，以满足不同学习者的时间和空间需求。

特色课程建设的实施策略可以归纳但不限于以下几点：

1. 市场导向的课程开发

市场导向是特色课程建设的基础。高等学校与教育机构应密切关注社会经济发展和行业动态，通过市场调研，了解企业和行业对人才的具体需求，据此开发和调整课程。同时，高等学校与教育机构还应与企业建立合作关系，共同参与课程设计和教学活动，确保课程内容的实用性和前瞻性。

2. 教师队伍的专业化建设

教师是特色课程建设的关键。高等学校与教育机构应加强教师队伍的专业化建设，引进具有实践经验和高水平教学能力的教师。同时，为教师提供持续的专业发展和培训机会，提升其教学水平和科研能力。此外，鼓励教师参与行业研究和实践活动，不断更新教学内容和方法。

3. 教学资源的整合与创新

教学资源是特色课程建设的重要支撑。高等学校与教育机构应充分利用现代信息技术，整合校内外教学资源，开发丰富的教学材料和学习工具。例如，可以建立在线学习平台，提供视频讲座、电子书籍、互动论坛等资源；同时，也可以与企业合作，建立实训基地，提供实际操作的机会。

4. 质量监控与持续改进

质量监控是保证特色课程建设成效的重要手段。高等学校与教育机构应建立完善的质量监控体系，对课程设置、教学过程、学习效果等进行定期评估和反馈。通过收集学习者的意见和建议，及时调整和改进课程内容和教学方法，确保教学质量的持续提升。

5. 学习者需求的持续关注

学习者是特色课程建设的最终受益者。高等学校与教育机构应持续关注学习者的需求和反馈，通过问卷调查、访谈、论坛等多种形式，了解学习者的学习体验和满意度。同时，根据学习者的需求，提供个性化的学习指导和服务，帮助他们更好地完成学习目标。

高等学历继续教育特色课程建设是一项系统工程，它需要高等学校与教育机构、教师、学习者以及社会各界的共同努力。通过深入理解特色课程的内涵和特点，采取有效的实施策略，可以构建出高质量的特色课程体系，为学习者提供更加丰富、有效的学习机会，促进他们的职业发展和个人成长。未来，随着社会的发展和技术的进步，特色课程建设将面临更多新的挑战和机遇，需要我们不断探索和创新，以满足不断变化的教育需求。

二、高等学历继续教育特色专业建设

（一）专业建设的重要性

专业建设是高等学历继续教育的核心，它直接关系到学习者的职业发展，也是高等学校与教育机构提升服务社会能力、建立品牌影响力的重要途径。专业建设的重要性体现在人才培养质量、社会服务水平以及继续教育品牌建设等多个方面。

在人才培养方面：专业建设的核心目标是培养符合社会需求的高素质人才。通过特色专业的建设，高等学校与教育机构能够提供与市场需求相匹配的课程和实践机会，从而培养出具备必要理论知识和实践技能的专业人才，这些人才能够更好地适应工作岗位，推动社会经济的发展。

在社会服务方面：高等学校与教育机构通过特色专业建设，能够更好地服务于社会。特色专业往往与地方产业紧密结合，能够为企业提供技术支持、人才培训、科研项目合作等服务，促进产学研一体化发展，增强高等学校与教育机构的社会服务功能。

在继续教育品牌建设方面：特色鲜明的专业有助于提升高等学校与教育机构的知名度和影响力，通过专业建设，高等学校与教育机构可以形成自己的教育特色和优势，吸引更多优秀学生和教师，提高教育质量，从而在激烈的教育市场中树立良好的品牌形象。

（二）专业建设的策略

需求分析：专业建设的第一步是深入分析行业需求。高等学校与教育机构需要通过市场调研、企业访谈、行业报告等方式，了解行业发展趋势、技术革新、人才需求等信息，以此为基础确定专业的发展方向和目标。需求分析的结果将直接影响到专业设置、课程开发和教学资源配置。

课程体系构建：构建科学合理的课程体系是专业建设的基础。高等学校与教育机构应根据需求分析的结果，设计出系统完整的课程体系，确保专业课程的连贯性和实用性。课程体系应包括基础课程、专业核心课程、实践课程等，既要注重理论知识的传授，也要强调实践技能的培养。

实践教学强化：实践教学是专业建设的重要组成部分。高等学校与教育机构应加强实践教学环节，通过实验室建设、校企合作、实习实训等方式，提供充足的实践机会，提高学习者的实践能力和创新能力。实践教学不仅能够帮助学习者将理论知识应用于实际，还能够培养他们的团队协作、问题解决等职业素养。

质量监控：建立专业建设质量监控体系是保证教育质量的关键。高等学校与教育机构应建立一套完善的质量监控机制，对专业建设的各个环节进行定期评估和反馈。通过收集学生、教师、企业等各方面的意见和建议，及时调整和改进专业建设方案，确保教育质量的持续提升。

师资培养：师资队伍是专业建设的重要支撑。高等学校与教育机构应加强师资队伍建设，引进具有实践经验和高水平教学能力的教师。同时，为教师提供持续的专业发展和培训机会，提升其教学水平和科研能力。优秀的师资队伍能够为专业建设提供强有力的支持，提高教学质量和学习者的满意度。

国际化发展：推动专业建设的国际化是提升教育机构竞争力的重要途径。高等学校与教育机构应积极参与国际交流与合作，引进国外先进的教育资源和理念，提升专业的国际化水平。通过国际合作项目、学术交流、海外研修等方式，教育机构可以吸收国际先进的教学方法和管理经验，提高专业的国际影响力。

高等学历继续教育的特色课程和专业建设是提升教育质量和培养高素质人才的关键。通过科学的市场调研、创新的课程设计、灵活的教学方法和严格的质量监控,可以构建符合社会需求和学习者兴趣的特色课程和专业,从而更好地服务于社会经济发展和个人职业发展。在建设过程中,应当更加关注特色课程和专业建设的实施效果,不断探索和优化建设策略,以实现高等学历继续教育的长远发展。

第四章

高等学历继续教育人才培养模式

基于前述章节的论述分析可知，在当今快速发展的社会中，高等学历继续教育面临着前所未有的挑战和机遇。为了更好地适应社会和经济发展的需求，高等学历继续教育必须构建一个以"需求、质量、特色"为核心的人才培养模式。这种模式旨在通过精准定位教育需求、保证教育质量、发展教育特色，培养出能够适应社会发展、具有创新精神和实践能力的高素质人才。

第一节　基于三元结构的人才培养模式设计

一、需求导向的人才培养

（一）社会需求分析

高等学历继续教育应紧密结合国家和地区的发展战略，通过市场调研、行业分析等手段，了解当前及未来社会对各类人才的需求，特别是对高层次、复合型人才的需求。

（二）课程设置与调整

根据社会需求的变化，及时调整和优化课程体系，增加与新兴产业、技术革新相关的课程内容，确保教育内容与社会需求的紧密对接。

（三）实践能力培养

强化实践教学环节，通过实习、实训、项目合作等方式，提升学生的实际操作能力和问题解决能力，使其更好地适应岗位需求。

二、质量保障的教育体系

（一）师资队伍建设

加强师资队伍的建设，引进高水平的教师和行业专家，提高教师的教学能力和科研水平，确保教学质量。

（二）教学过程管理

完善教学过程的监控与评价体系，通过定期的教学检查、学生反馈等方式，及时发现并解决教学中的问题，保证教学过程的质量。

（三）质量评估与改进

建立科学的教育质量评估体系，定期进行教育质量评估，根据评估结果进行教育改革和教学方法的创新。

三、特色鲜明的教育品牌

（一）特色课程开发

结合学校的优势和特色，开发一系列具有特色的课程和专业方向，形成鲜明的教育品牌。

（二）文化传承与创新

在人才培养中注重文化的传承与创新，培养学生的文化底蕴和社会责任感，使其成为既有专业能力又有文化素养的复合型人才。

（三）国际化视野拓展

加强国际交流与合作，引进国际先进的教育理念和教学方法，培养学生的国际化视野和跨文化交流能力。

通过上述基于"需求、质量、特色"的三元结构人才培养模式设计，高等学历继续教育能够更好地适应社会发展的需求，培养出更多具有创新精神和实践能力的高素质人才，为社会和经济的发展作出更大的贡献。

第二节　学习者中心的教学策略

在高等学历继续教育中，采用学习者中心的教学策略是提高教育质量、满足学习者个性化需求的重要途径。这种策略强调以学习者为主体，教师为引导者，通过创新的教学方法和手段，激发学习者的学习兴趣和潜能，促进其全面发展。

一、个性化学习路径的设计

（一）学习需求分析

通过问卷调查、访谈等方式，了解学习者的学习背景、兴趣和目标，为其设计符合个人发展需求的学习路径。

（二）灵活的学习进度安排

提供多样化的学习资源和自主学习平台，允许学习者根据自己的时间和能力安排学习进度，实现个性化学习。

（三）定制化的辅导支持

建立一对一辅导机制，根据学习者的具体情况提供个性化的指导和帮助，确保每个学习者都能得到有效的学习支持。

二、互动式学习环境的构建

(一) 课堂互动

鼓励学习者在课堂上积极参与讨论和交流，通过小组合作、角色扮演等互动式教学方法，提高学习的参与度和互动性。

(二) 在线学习社区

建立在线学习社区，促进学习者之间的交流和合作，分享学习资源和经验，形成良好的学习氛围。

(三) 反馈与评价

实施即时反馈机制，鼓励学习者对教学内容和方法提出建议和意见，教师根据反馈调整教学策略，实现教学相长。

三、综合能力培养的重视

(一) 跨学科学习

开设跨学科课程，鼓励学习者拓宽知识面，培养其综合运用不同学科知识解决问题的能力。

(二) 创新与创业教育

加强创新思维和创业精神的培养，通过案例分析、模拟创业等教学活动，提高学习者的创新能力和实践能力。

(三) 社会实践融入

将社会实践活动融入教学过程，通过实地考察、志愿服务等形式，使学习者在实践中学习和成长。

通过实施学习者中心的教学策略，高等学历继续教育不仅能够提高学习者的满意度和学习效果，还能够培养出更多具有创新精神、批判性思维和终身学习能力的高素质人才，为社会的可持续发展提供强有力的人才支持。

第三节　终身学习路径的规划和实施

终身学习是现代社会发展的要求，对于高等学历继续教育而言，规划和实施终身学习路径对于满足个人发展需求、促进社会进步具有重要意义。本节将探讨如何规划和实施有效的终身学习路径，以支持学习者在不断变化的社会环境中持续成长。

一、终身学习理念的普及与内化

（一）理念宣传

通过各种渠道宣传终身学习的重要性，提高学习者对终身学习价值的认识，树立终身学习的理念。

（二）学习动机激发

通过成功案例分享、职业规划指导等方式，激发学习者的学习动机，引导其认识到终身学习对个人职业发展和社会适应能力的积极作用。

（三）学习习惯培养

帮助学习者建立自主学习的习惯，提供有效的学习策略和方法，使其能够在日常生活和工作中持续学习。

二、灵活多样的学习资源开发

（一）数字化学习平台

建立和完善数字化学习平台，提供丰富多样的在线课程和学习资源，方便学习者随时随地进行学习。

（二）实体与虚拟结合

结合线上学习资源和线下教学活动，如实体图书馆、实验室与线上课程相结合，提供更加全面的学习体验。

（三）跨界资源共享

与其他教育机构、行业企业合作，共享教育资源，扩大学习者的学习选择范围，满足不同领域的学习需求。

三、持续学习支持体系的构建

（一）学习咨询与指导

设立学习咨询中心，为学习者提供个性化的学习规划和职业发展指导，帮助其制定合理的学习计划。

（二）学习成果认证

建立学习成果认证体系，对学习者的学习成绩和能力进行认证，为其终身学习和职业发展提供支持。

（三）学习社群建设

鼓励学习者加入学习社群，通过社群互动交流，相互激励和支持，形成良好的学习共同体。

通过上述措施的实施，高等学历继续教育可以为学习者提供一个持续、灵活、多样化的终身学习环境，帮助他们不断提升自身能力，适应社会发展的需求，实现个人价值的最大化。终身学习路径的规划和实施不仅有助于个人的成长和发展，也是推动社会进步和创新的重要动力。

第五章
高等学历继续教育资源整合与合作

在高等学历继续教育领域，资源整合与合作是提升教育质量和效率的关键。通过整合教育资源、加强校企合作、促进社区和行业参与，可以更好地满足社会和学习者的需求，推动继续教育的可持续发展。

第一节 教育资源的整合和优化

在当今社会，教育资源的整合和优化是提高教育质量和效率的关键。高等学历继续教育作为终身学习体系的重要组成部分，其资源整合和优化显得尤为重要。

一、资源调查与评估

资源调查与评估是教育资源整合和优化的基础。这一过程需要对现有的教育资源进行全面的审视和分析，以便发现资源配置的不足和潜在的优势。资源调查与评估包括以下几个方面。

（一）教学设施评估

对教学场所、实验室、图书馆等硬件设施进行全面检查，评估其是否满足当前和未来的教学需求。同时，考虑设施的现代化程度和维护状况，确保教学环境的安全性和舒适性。

（二）师资力量分析

对教师的专业背景、教学经验、研究成果等进行综合评估，了解教师队伍的整体素质和专业发展需求。同时，关注教师的教学方法和学生反馈，以提高教学质量。

（三）课程内容审查

对课程设置和教学大纲进行定期审查，确保课程内容的时效性和实用性。考虑行业发展趋势和学习者需求，及时更新课程内容，引入新的学科领域和教学模式。

（四）学习资源调查

评估现有的学习资源，包括教材、在线课程、数据库等，分析其覆盖面、更新频率和使用便捷性。探索新的学习资源获取渠道，丰富学习者的自主学习途径。

二、资源共享机制

资源共享机制是提高教育资源利用效率的有效途径。通过资源共享，可以实现教育资源的优化配置，减少资源浪费，提升教育服务的整体水平。资源共享机制的建立和实施包括以下几个方面。

（一）教育联盟建设

通过建立教育联盟，促进不同高等学校与教育机构之间的资源共享和合作。联盟成员可以共享教学设施、师资力量、研究项目等资源，实现资源的最大化利用。

（二）合作网络构建

与企业、行业组织、社区教育机构等建立合作关系，形成广泛的合作网络。通过合作网络，高等学校与教育机构可以获取更多的实践教学资源和行业知识，提高教育的针对性和实效性。

（三）资源互换与共享

在保证知识产权的前提下，高等学校与教育机构之间可以进行资源互换和共享。例如，共享优质的在线课程、教学软件、实验数据等，降低教育资源的重复投入。

（四）开放教育资源（OER）

推动开放教育资源的发展，鼓励高等学校与教育机构和教师创作和分享高质量的教学资源。通过开放教育资源，可以降低学习成本，提高教育资源的普及率和可及性。

三、信息化建设

信息化建设是教育资源整合和优化的重要支撑。随着信息技术的快速发展，教育资源的数字化和网络化已成为提高教育质量和效率的关键。信息化建设的主要措施包括以下几点。

（一）教育平台开发

开发集教学、管理、交流于一体的教育平台，实现教育资源的集中管理和在线共享。教育平台可以提供课程直播、视频点播、在线考试等功能，满足不同学习者的需求。

（二）大数据应用

利用大数据分析教育资源的使用情况和学习者的学习行为，为教育资源的优化配置提供决策支持。通过数据分析，可以发现教育资源的不足和过剩，及时进行调整。

（三）云计算服务

采用云计算技术，提供弹性的教育资源存储和计算服务。云计算可以降低高等学校与教育机构的硬件投入和维护成本，同时保证教育资源的高效利用和安全存储。

（四）移动学习支持

开发移动学习应用，支持学习者通过手机、平板电脑等移动设备进行学习。移动学习可以突破时间和空间的限制，提供更加灵活和便捷的学习方式。

四、质量监控体系

质量监控体系是确保教育资源质量和适用性的关键。通过建立和完善质量监控体系，可以对教育资源进行有效的评价和监督，保证教育资源的持续改进和优化。质量监控体系的建立和实施包括以下几个方面。

（一）评价指标体系

建立科学的教育资源评价指标体系，包括教学内容、教学方法、教学效果等多个维度。通过评价指标体系，可以全面了解教育资源的质量和效果。

（二）定期评估与反馈

定期对教育资源进行评估，收集学习者、教师和企业的反馈意见。根据评估结果和反馈意见，及时调整教育资源，提升资源的质量和适用性。

（三）质量改进机制

建立质量改进机制，鼓励高等学校与教育机构和教师不断探索和实践新的教育理念和教学方法。通过质量改进机制，可以促进教育资源的创新和优化。

（四）持续跟踪与研究

对教育资源的使用效果进行持续跟踪和研究，分析教育资源对学习者能力提升和职业发展的影响。通过持续跟踪和研究，可以为教育资源的长远规划和战略决策提供依据。

总之，教育资源的整合和优化是一个系统工程，需要教育机构、教师、学习者、企业和社会各方的共同努力。通过资源调查与评估、资源共享机制、信息化建设和质量监控体系的建立和实施，可以有效地提升教育资源的利用效率和教学质量，为高等学历继续教育的发展提供坚实的基础。

第二节 校企合作和产教融合

在当前经济全球化和技术快速发展的背景下，高等学历继续教育面临着前所未有的挑战和机遇。为了更好地适应社会和经济发展的需求，高等学历继续教育必须构建一个以"需求、质量、特色"为核心的人才培养模式。其中，校企合作和产教融合是实现这一目标的关键策略。

一、合作模式创新

校企合作模式的创新是实现产教融合的重要途径。通过创新合作模式，可以更好地连接教育与产业，提高教育的实用性和前瞻性。以下是一些创新的校企合作模式。

（一）工学结合

工学结合模式强调理论与实践的结合。学生在学习期间，不仅在校内接受系统的理论知识教育，还在企业中进行实际工作，将所学知识应用于实践中。这种模式有助于学生提前适应工作环境，增强其职业技能。

（二）顶岗实习

顶岗实习是指学生在完成一定的理论学习后，到企业中进行为期一定工时的实习。在实习期间，学生担任企业员工的角色，参与企业的日常运营和项目开发。这种模式有助于学生深入了解行业现状，提升其职业素养。

（三）订单式培养

订单式培养是校企合作的一种定制化人才培养模式。企业根据自身的人才需求，与学校合作开展人才培养项目。学校根据企业的需求设计课程体系和教学计划，培养符合企业需求的专业人才。

二、双向交流机制

双向交流机制是校企合作的另一个重要方面。通过建立有效的交流机制，可以实现校企之间的知识共享和经验交流，促进教育内容与企业需求的对接。

（一）企业参与课程开发

企业可以参与学校课程的开发和设计，提供行业知识和技术动态，确保教学内容的实用性和前瞻性。企业专家还可以定期到学校举办讲座或研讨，分享最新的行业经验和技术发展。

（二）教师企业实践

学校教师定期到企业进行实践和研究，了解企业的运营模式和技术创新，提升自身的实践能力和教学水平。教师的实践经验可以转化为教学内容，提高教学的针对性和实效性。

三、实践基地建设

实践基地是校企合作的重要载体。通过与企业合作建设实践基地，可以为学生提供实习实训的机会，增强其职业技能和实际工作经验。

（一）基地设施完善

实践基地应配备先进的设备和设施，满足学生实训的需求。基地应具备模拟真实工作环境的条件，使学生能够在接近实际的环境下学习和训练。

（二）实训项目设计

与企业合作设计实训项目，确保项目内容与企业的实际需求相符合。实训项目应具有一定的挑战性和创新性，激发学生的学习兴趣和创造力。

四、人才培养对接

人才培养对接是校企合作的核心目标。通过根据企业需求定制人才培养方案，可以使教育内容与企业需求相匹配，提高毕业生的就业质量和企业的满意度。

（一）需求分析

定期对企业的人才需求进行分析，了解企业对人才知识结构、技能要求和职业素养的期望。需求分析的结果应作为人才培养方案制定的重要依据。

（二）定制化培养方案

根据企业的具体需求，制定定制化的人才培养方案。培养方案应包括专业课程设置、实践教学安排、职业素养培养等内容，确保培养出符合企业需求的人才。

（三）就业指导与服务

为学生提供就业指导和服务，帮助他们了解行业发展趋势和企业需求，提升求职技能和职业规划能力。同时，建立校企就业合作平台，为学生和企业提供便捷的招聘和应聘服务。

通过上述措施的实施，高等学历继续教育可以更好地实现校企合作和产教融合，培养出更多适应社会和经济发展需求的高素质人才。这不仅有助于提高教育的质量和效率，也有助于推动社会经济的发展和创新。

第三节　社区和行业参与继续教育的模式

在当今社会，继续教育作为终身学习体系的重要组成部分，对于提升个人素质、促进社会和谐发展具有重要意义。社区和行业的参与是继续教育成功实施的关键因素，它们不仅为继续教育提供了丰富的资源，也为教育的实践性和针对性提供了保障。

一、社区教育资源整合

社区是继续教育的重要基地，充分利用社区资源，可以有效提升继续教育的覆盖面和影响力。社区教育资源整合包括以下几个方面。

（一）资源共享

与社区内的学校、图书馆、文化中心等教育机构合作，共享教育资源，如教室、图书馆藏书、在线课程等。通过资源共享，提高资源利用效率，降低教育成本。

（二）社区特色课程开发

结合社区的文化特色和居民需求，开发特色课程。例如，针对老年人的健康养生课程、针对家庭主妇的烹饪课程、针对青少年的科技创新课程等，满足不同群体的学习需求。

（三）社区教育活动组织

定期组织各类教育活动，如讲座、研讨会、工作坊等，增强社区教育的活力和吸引力。通过活动，促进居民之间的交流和学习，营造良好的学习氛围。

（四）志愿者教师团队建设

鼓励社区居民参与教育服务，建立志愿者教师团队。志愿者教师可以根据自己的专业知识和兴趣，为社区提供教学服务，丰富教育资源。

二、行业需求调研

了解行业需求是继续教育课程设置和教学改革的重要依据。行业需求调研可以通过以下方式进行。

（一）问卷调查

定期向企业和行业组织发放问卷，收集关于人才需求、技能要求、行业发展趋势等信息。问卷调查可以覆盖广泛的企业和行业，获取大量一手数据。

（二）访谈与座谈

通过访谈和座谈的方式，深入了解企业对人才的具体需求和期望。与企业高层和人力资源部门的深入交流，可以获得更为详细和深入的信息。

（三）行业报告分析

分析行业报告和市场研究，了解行业发展的整体趋势和人才需求的变化。行业报告通常由专业机构编写，具有较高的权威性和参考价值。

（四）实习与实训反馈

收集学生在企业实习和实训中的反馈信息，了解企业对实习生和实训生的评价和建议。这些信息对于课程设置和教学改革具有直接的指导意义。

三、合作项目开发

与行业协会和企业合作开发继续教育项目，可以有效提升学习者的职业技能和竞争力。合作项目开发包括以下几个方面。

（一）专业技能培训

根据行业需求，开发专业技能培训项目。例如，针对IT行业的编程技能培训、针对医疗行业的护理技能培训等。专业技能培训应注重实践性和操作性，提高学习者的应用能力。

（二）职业资格认证

与行业协会合作，开展职业资格认证项目。通过认证，学习者可以获得行业认可的专业资格证书，增加其就业竞争力。

（三）定制化培训计划

根据企业的具体需求，提供定制化的培训计划。例如，为某企业提供员工管理能力提升的培训、为某行业提供新技术应用的培训等。定制化培训计划应充分考虑企业的实际情况和需求。

（四）在线教育平台合作

与在线教育平台合作，开发适合在职人员学习的在线课程和培训项目。在线教育平台可以提供灵活的学习时间和地点，满足在职人员的学习需求。

四、社会服务与回馈

鼓励学习者参与社会服务活动，将所学知识和技能回馈社会，实现教育的社会价值。社会服务与回馈可以通过以下方式进行。

（一）志愿服务项目

组织学习者参与志愿服务项目，如教育支援、环境保护、社区服务等。通过志愿服务，学习者可以将所学知识和技能应用于实践，同时培养其社会责任感和公民意识。

（二）社区教育贡献

鼓励学习者参与社区教育活动，如担任社区教育课程的讲师、参与社区教育项目的策划和实施等。学习者的贡献可以丰富社区教育资源，提升社区教育水平。

（三）公益创业项目

支持学习者开展公益创业项目，将商业运作与社会服务相结合。公益创业项目可以解决社会问题，同时为学习者提供实践和创业的机会。

（四）知识传播与分享

鼓励学习者通过撰写文章、发表演讲、参与论坛等方式，分享自己的知识和经验。知识传播和分享可以扩大教育的影响力，促进知识的交流和普及。

通过上述措施的实施，高等学历继续教育可以更好地整合社区和行业的资源，提升教育的质量和效果。社区和行业的参与不仅有助于满足学习者的学习需求，也有助于推动社会的和谐发展和进步。通过上述措施，高等学历继续教育可以更好地整合和优化教育资源，加强校企合作和产教融合，促进社区和行业的参与，为学习者提供更加丰富、高效的学习机会，为社会发展培养更多优秀人才。

第六章

高等学历继续教育技术支持与创新

随着科技的快速发展，技术支持在高等学历继续教育中的作用日益凸显。信息技术的应用、教育技术的最新发展和趋势，以及在线与混合学习模式的实施，共同推动着继续教育的创新和发展。

第一节　信息技术在继续教育中的应用

在当今社会，信息技术的快速发展和广泛应用已经深入各个领域，继续教育作为终身学习体系的重要组成部分，也在不断地利用信息技术来提升教育质量和效率。

一、在线学习平台

在线学习平台是信息技术在继续教育中应用的一个重要方面。这些平台通过互联网技术，使得教育资源可以跨越时空限制，为广泛的学习者提供服务。在线学习平台的特点和优势包括：

便捷性：学习者可以通过网络连接，使用电脑、平板或智能手机等设备，随时随地访问在线课程和资源，打破了传统教育的时空限制。

互动性：平台通常具备论坛、聊天室等社交功能，使得学习者可以与教师和其他学习者进行实时交流和讨论，增强了学习的互动性和合作性。

多样性：在线学习平台提供丰富的课程资源，涵盖各个学科和领域，满足不同学习者的需求。同时，课程形式多样，包括视频讲座、动画演示、模拟实验等，适应不同学习者的学习习惯和偏好。

可定制性：平台可以根据学习者的进度和需求，提供个性化的学习路径和资源推荐，使得学习更加高效和有针对性。

二、移动学习

移动学习是指通过移动设备进行的学习活动，它是信息技术在继续教育中的另一个重要应用。移动学习的特点和优势包括：

灵活性：学习者可以利用碎片化时间进行学习，如通勤途中、休息时间等，提高了学习的时间利用率。

易用性：移动应用程序（App）通常设计简洁、易于操作，使得学习者可以快速上手，降低了学习的技术门槛。

功能性：移动学习应用不仅支持在线学习，还提供离线学习、位置服务、即时通知等功能，使得学习更加便捷和高效。

个性化：通过移动设备，学习者可以根据自己的需求和兴趣，选择和定制学习内容，实现个性化学习。

三、虚拟现实（VR）和增强现实（AR）

VR和AR技术为继续教育带来了全新的学习体验。这些技术通过创造沉浸式或增强现实的环境，使得学习者可以更加直观和深入地理解知识和技能。VR和AR技术的特点和优势包括：

沉浸性：VR技术可以模拟真实的环境和情境，让学习者仿佛置身其中，提高了学习的沉浸感和真实感。

交互性：AR技术可以在现实世界中添加虚拟元素，使得学习者可以通过互动来学习，增强了学习的趣味性和参与度。

实践性：VR和AR技术可以模拟复杂的操作过程和实验环境，使得学习者可以在安全无风险的情况下进行实践和探索。

创新性：VR和AR技术的应用为教育内容的呈现提供了新的可能性，鼓励学习者进行创新思考和问题解决。

四、大数据分析

大数据分析在继续教育中的应用，可以帮助高等学校与教育机构更好地理解学习者的需求和行为，从而提供更加精准和有效的教育服务。大数据分析的特点和优势包括：

洞察力：通过分析学习者的学习数据，教育机构可以发现学习者的学习习惯、偏好和困难，为学习者提供更加个性化的教学支持。

预测性：大数据分析可以预测学习者的学习成果和发展趋势，帮助高等学校与教育机构及时调整教学策略和课程设置。

优化性：通过分析课程和教学活动的数据，高等学校与教育机构可以优化教育资源的分配和利用，提高教育的质量和效率。

决策性：大数据分析为高等学校与教育机构提供了科学的决策依据，有助于制定更加合理的教育政策和规划。

信息技术在继续教育中的应用，不仅提高了教育的可达性和个性化水平，也为教育的创新和发展提供了强大的动力。随着信息技术的不断进步，我们有理由相信，未来的继续教育将更加智能化、个性化和高效化，更好地满足社会和学习者的需求。

第二节　教育技术的最新发展和趋势

在21世纪的教育领域，技术的革新正以前所未有的速度推动着教育模式和教学方法的变革。教育技术的最新发展和趋势不仅改变了教育的面貌，也为学习者提供了更加丰富和高效的学习途径。

一、人工智能（AI）

人工智能技术在教育领域的应用正变得日益广泛和深入。AI技术的核心优势在于其能够模拟人类的认知和决策过程，从而提供个性化的学习体验和高效的教学支持。以下是AI在教育中的几个关键应用：

智能辅导系统：AI辅导系统能够根据学习者的反馈和表现，提供定制化的学习建议和资源。这些系统通过分析学习者的学习习惯和知识掌握情况，能够识别学习者的学习难点，并提供针对性的辅导。

自动评分系统：AI自动评分系统可以客观、准确地评估学习者的作业和考试，节省教师的评分时间，同时提供即时反馈。这种系统特别适用于大规模在线课程和标准化测试。

个性化学习路径推荐：AI技术可以分析大量的学习数据，识别学习者的兴趣和潜能，为其推荐适合的学习路径。这种个性化的学习推荐有助于提高学习效率和动机。

二、区块链

区块链技术以其去中心化、安全性高和不可篡改的特性，在教育领域中的应用前景广阔。区块链技术在教育中的主要应用包括：

学习成果记录：区块链可以安全地存储学习者的成绩单、证书和其他学习成果，确保这些信息的真实性和完整性。

学术诚信：通过区块链技术，可以验证学术作品的原创性，防止抄袭和剽窃，维护学术诚信。

跨境学历认证：区块链技术简化了学历认证的过程，使得国际学生和专业人士的学历和证书能够在全球范围内得到快速和可靠的认证。

三、物联网（IoT）

物联网技术通过连接各种设备和传感器，使得教育环境变得更加智能化和互动化。IoT在教育中的应用包括：

智能教室：智能教室配备了各种智能设备，如智能白板、环境控制传感器和学生行为追踪系统，为教师和学生提供高效和互动的教学环境。

资源管理：IoT技术可以用于教育资源的管理和优化，例如智能图书馆系统可以自动追踪图书的位置和借阅情况，提高资源利用效率。

安全监控：IoT设备可以用于校园安全监控，如智能摄像头和门禁系统，确保学习环境的安全。

四、社交学习

社交学习强调学习者之间的互动和协作，是现代教育技术的一个重要趋势。社交学习的主要特点和优势包括：

互动性：社交媒体和在线社区为学习者提供了一个交流和分享的平台，学习者可以在这里讨论问题、分享资源和经验。

协作性：社交学习鼓励学习者进行团队合作和项目协作，通过协作学习，学习者可以培养团队精神和沟通能力。

社群支持：在线学习社群为学习者提供了情感和知识的支持，学习者可以在遇到困难时获得帮助和鼓励，增强学习动力。

随着教育技术的不断发展和创新，未来的教育将更加个性化、智能化和协作化。教育技术的应用不仅能够提高教育的质量和效率，也能够激发学习者的创造力和潜能，为终身学习提供强有力的支持。

第三节　在线与混合学习模式的实施

在继续教育领域，随着信息技术的快速发展，学习模式也在不断地创新和发展。在线学习和混合学习作为两种重要的学习模式，它们通过结合传统教育的优势和现代信息技术的特点，为学习者提供了更加灵活多样的学习方式。

一、在线学习课程设计

在线学习课程设计的关键在于创造一个既系统又灵活的学习环境，以满足不同学习者的需求。以下是在线学习课程设计的一些实施策略：

课程结构设计：在线课程应具有清晰的结构和明确的学习目标。课程内容应该按照逻辑顺序组织，便于学习者理解和掌握。同时，课程应提供灵活的学习路径，适应不同学习者的进度和能力。

多样化的教学资源：在线课程应提供丰富的教学资源，包括视频讲座、文本资料、互动讨论区等。视频讲座应具有高质量的图像和声音，内容应生动有趣，易于理解。文本资料应详尽准确，覆盖课程的所有知识点。互动讨论区应鼓励学习者提问和分享，促进学习者之间的交流和合作。

个性化的学习支持：在线课程应提供个性化的学习支持，包括一对一的辅导、个性化的学习建议和资源推荐。教师和辅导人员应通过在线平台及时回应学习者的疑问和需求，帮助他们克服学习中的困难。

二、混合学习策略

混合学习模式结合了线上学习和面对面教学的优势，旨在提供更加个性化和互动性强的学习体验。以下是混合学习策略的一些实施策略：

翻转课堂：在翻转课堂模式中，学习者在课前通过在线平台自主学习课程内容，课堂时间主要用于讨论、实践和深入理解。这种模式鼓励学习者在课前主动学习，课堂时间更加高效和有针对性。

项目式学习：项目式学习是一种以项目为中心的教学方法，学习者通过完成具体的项目来学习和应用知识。在混合学习模式中，项目可以在线上进行规划和协作，在面对面的课堂上进行展示和评估。

个性化的学习计划：混合学习模式应根据学习者的需求和进度制定个性化的学习计划。教师可以根据学习者的在线学习表现和反馈，调整教学内容和方法，确保每个学习者都能获得最大的学习效果。

三、技术支持与服务

为了确保在线和混合学习的效果，强有力的技术支持和服务是必不可少的。以下是技术支持与服务的一些实施策略：

稳定的学习平台：教育机构应选择或开发稳定可靠的学习平台，确保学习者可以随时随地访问课程资源和参与学习活动。学习平台应具有良好的用户体验和高效的性能。

高效的在线交流工具：在线交流工具如视频会议软件、即时通信工具和在线论坛等，对于在线和混合学习至关重要。这些工具可以帮助学习者和教师进行实时交流和协作，提高学习的互动性。

及时的技术支持：高等学校与教育机构应提供及时的技术支持服务，解决学习者在使用学习平台和交流工具时遇到的技术问题。技术支持团队应具备专业的技术知识和良好的服务态度。

四、评估与反馈

评估与反馈是在线和混合学习的重要组成部分，它们可以帮助学习者了解自己的学习进度和效果，及时调整学习方法。以下是评估与反馈的一些实施策略：

多维度的评估：在线和混合学习的评估应综合考虑学习者的知识掌握、技能发展和学习参与度。评估方法可以包括在线测试、作业、项目、同行评审等。

及时的反馈：教师和辅导人员应提供及时的反馈和建议，帮助学习者了解自己的学习表现和改进的方向。反馈应具体、建设性，鼓励学习者积极参与学习过程。

自我评估与反思：鼓励学习者进行自我评估和反思，培养自主学习的能力和自我监控的能力。学习者可以通过学习日志、学习社区讨论等方式，记录和分享自己的学习体验和收获。

通过上述实施策略，在线与混合学习模式可以为继续教育提供更加高效、灵活和个性化的学习途径。这些策略不仅能够提高学习者的满意度和学习效果，也能够促进教育创新和终身学习的发展。随着技术的不断进步和教育理念的不断更新，未来的在线与混合学习模式将更加完善和高效，为学习者提供更加丰富和深入的学习体验。

第七章

高等学历继续教育政策环境与法规

高等学历继续教育的发展不仅受到教育实践和技术创新的影响，还与政策环境和法规紧密相关。政策和法规为继续教育提供了发展方向和规范要求，确保教育活动的质量和效果。

第一节　继续教育相关政策的解读

继续教育作为终身学习体系的重要组成部分，在现代社会中扮演着越来越重要的角色。随着社会的发展和科技的进步，继续教育相关政策的制定和实施成为推动教育发展、满足社会需求、促进教育公平的关键因素。

一、教育目标与方向

继续教育政策首先明确了教育的目标和方向，这些目标和方向不仅体现了社会对继续教育的期望和要求，也为继续教育的实践活动提供了明确指导。具体来说，这些目标和方向包括以下几方面。

（一）提升国民素质

继续教育政策强调通过教育活动提升国民的整体素质，包括专业技能、创新能力和文化素养等，以适应社会和经济发展的需要。

（二）满足终身学习需求

政策鼓励学习者根据自身的职业发展和个人兴趣，持续参与学习活动，实现终身学习的目标。这要求高等学校与继续教育机构提供多样化的学习机会和资源，满足不同学习者的需求。

（三）促进人才发展

政策着重于通过继续教育培养和吸引高层次人才，为国家的创新驱动发展战略提供人才支持。这要求继续教育不仅要注重知识的传授，还要注重创新能力和实践能力的培养。

二、资源配置与支持

继续教育政策强调教育资源的合理配置和有效利用，这是确保教育质量和效率的基础。政策鼓励政府、企业、社会等多方面参与继续教育资源的建设和支持。

（一）政府投入

政策倡导政府加大对继续教育的财政投入，提供必要的基础设施建设和资金支持，确保教育资源的充足和优质。

（二）企业参与

政策鼓励企业参与继续教育资源的建设和管理，通过校企合作、企业培训等方式，提供实践教学资源和就业机会，增强教育的针对性和实效性。

（三）社会支持

政策呼吁社会各界对继续教育给予关注和支持，通过捐赠、志愿服务等方式，为继续教育提供多元化的资源和帮助。

（四）信息技术应用

政策提倡利用现代信息技术，如互联网、大数据、人工智能等，提高教育资源的可达性和共享性，实现教育资源的优化配置和高效利用。

三、质量保障与评估

继续教育政策要求建立完善的质量保障体系，对继续教育的教学质量、管理水平、学习效果等进行评估和监督。

（一）教学质量监控

政策要求继续教育机构建立健全的教学管理制度，确保教学内容的科学性和实用性、教学方法的创新性和互动性、教学质量的稳定性和可靠性。

（二）管理水平提升

政策强调高等学校与继续教育机构应提高管理水平，包括教育项目的规划、教育资源的管理、教育活动的组织等，确保教育活动的有序进行和高效管理。

（三）学习效果评估

政策鼓励采用多元化的评估方法，如考试、作业、项目、同行评审等，全面了解学习者的学习成果和能力发展，及时调整教学策略和内容，确保评估的公正性和有效性。

四、教育公平与普及

继续教育政策倡导教育的公平性和普及性，支持弱势群体和特殊需求的学习者接受继续教育。

（一）弱势群体支持

政策要求高等学校与继续教育机构为弱势群体提供特殊的教育资源和

支持，如经济资助、学习辅导、就业指导等，帮助他们克服学习障碍，实现教育机会的均等。

（二）特殊需求满足

政策强调继续教育应满足不同学习者的特殊需求，如残疾人教育、老年人教育、职业转型教育等，提供个性化的教育服务和资源，实现教育的个性化和多样化。

（三）普及教育推广

政策倡导通过各种渠道和方式，如媒体宣传、社区教育、在线教育等，普及继续教育的理念和信息，提高公众对继续教育的认识和参与度。

通过上述政策的解读，我们可以看到继续教育政策为高等学历继续教育的发展提供了明确的指导和有力的支持。这些政策不仅有助于提升教育质量，满足社会需求，促进教育公平，也为学习者提供了更多的学习机会和更好的学习环境。随着政策的不断深化和实施，高等学历继续教育将迎来更加广阔的发展前景。

第二节　法规对继续教育的影响和要求

继续教育作为终身学习体系的重要组成部分，其发展受到法规的深刻影响。法规不仅为继续教育提供了法律依据，还对其提出了一系列规范要求，确保教育活动的合法性、规范性和质量。

一、教育资质与认证

教育资质与认证是确保继续教育质量和权威性的基础。法规对继续教育的办学资质、教师资格、课程认证等方面提出了明确要求，这些要求对于维护教育活动的专业性和权威性至关重要。

（一）办学资质

法规要求高等学校与继续教育机构必须具备相应的办学资质，包括但不限于教育主管部门的批准、教学设施的完备性、教育资源的充足性等。这些要求确保了高等学校与教育机构能够提供符合标准的教育服务。

（二）教师资格

法规对继续教育教师的资格提出了严格要求，包括教师的学历背景、教学经验、专业技能等。这些要求旨在确保教师具备足够的能力和素质，为学习者提供高质量的教学指导。

（三）课程认证

法规还规定了课程认证的标准和程序，要求继续教育课程必须通过专业机构的认证，以确保课程内容的科学性和实用性。课程认证还有助于提高课程的社会认可度和学习者的就业竞争力。

二、学习成果的认定与转换

学习成果的认定与转换是继续教育中的一个重要环节，它关系到学习者的权益和教育的连续性。法规在这方面的规定为学习者提供了保障，确保他们的学习成果得到合理的认可和利用。

（一）学历认证

法规规定了学历认证的程序和标准，确保学习者在完成继续教育课程后获得的学历能够得到正式的认可。这对于学习者的职业发展和学历提升具有重要意义。

（二）学分转换

法规还明确了学分转换的原则和方法，允许学习者将在一个高等学校或教育机构获得的学分转换到另一个高等学校或教育机构，或者将非正规教育的学分转换为正规教育的学分。这有助于实现教育资源的有效整合和学习者的个性化学习路径。

三、教育质量的监管

教育质量的监管是确保继续教育质量的重要手段。法规对高等学校与教育机构的教育质量监管责任和方法提出了明确要求，以保障教育活动的质量和效果。

（一）质量管理体系

法规要求高等学校与继续教育机构建立健全的质量管理体系，包括教学质量的监控、教育资源的管理、教育活动的评估等。这些管理体系有助于高等学校与教育机构持续改进教育质量，提升教育服务的满意度。

（二）教育主管部门的监督

法规还规定了教育主管部门对高等学校与继续教育机构的监督职责，包括定期检查、教育质量评估、教育投诉处理等。这些监督措施有助于维护教育市场的秩序，保护学习者的合法权益。

四、知识产权的保护

知识产权的保护是维护教育活动创新性和可持续发展的关键。法规在这方面的规定鼓励高等学校与教育机构和教师创造和分享高质量的教育内容，同时也保护了他们的合法权益。

（一）教育内容的版权

法规明确了教育内容的版权归属和保护方法，包括教材、课件、在线课程等。这有助于保护教育内容的原创性和创新性，鼓励高等学校与教育机构和教师投入更多的资源和精力进行教育内容的开发。

（二）教学材料的使用权

法规还规定了教学材料的使用权和转让权，确保高等学校与教育机构和教师在使用和分享教学材料时的合法权益得到保护。这有助于促进教育资源的合理流通和有效利用。

通过上述法规的影响和要求，继续教育的质量和效果得到了有效保障，学习者的权益得到了充分保护，教育活动的创新性和可持续性得到了促进。随着法规的不断完善和实施，继续教育将迎来更加健康和有序的发展环境，为社会和个人的发展作出更大的贡献。

第三节 政策和法规的制定与执行

政策和法规的制定与执行对于继续教育的健康发展具有决定性的作用。它们不仅为教育活动提供了明确的指导和规范，还确保了教育资源的合理分配和教育质量的持续提升。以下是对政策和法规制定与执行的深入探讨和建议。

一、多方参与协商

政策和法规的制定应当是一个开放和包容的过程，需要充分考虑和平衡各方的利益和需求。多方参与和协商机制的建立，可以确保政策和法规的全面性和适应性。

（一）政府的引导和协调

政府作为政策和法规制定的主导方，应当发挥其引导和协调作用，确保政策和法规的制定符合国家的教育发展战略和社会的长远利益。

（二）教育机构的参与

高等学校与教育机构是继续教育的实施主体，对教育活动有着直接的了解和经验。政策和法规的制定应当听取教育机构的意见和建议，确保政策和法规的可操作性和有效性。

（三）学习者的声音

学习者是继续教育的直接受益者，他们的需求和反馈对于政策和法规的制定至关重要。政策和法规应当充分考虑学习者的声音，确保教育活动能够满足学习者的实际需求。

（四）企业的合作与支持

企业作为继续教育的重要参与者，对于教育内容和方向有着深刻的认识。政策和法规的制定应当鼓励企业参与教育活动，提供实习实训机会，促进教育与产业的紧密结合。

二、动态调整与更新

社会的发展和教育实践的变化要求政策和法规能够及时进行动态调整和更新。这有助于政策和法规保持其时代性和前瞻性，适应新的挑战和需求。

（一）定期评估与修订

政策和法规应当定期进行评估和修订，以反映教育实践的最新发展和社会需求的变化。评估和修订的过程应当科学、公正、透明，确保政策和法规的持续改进和优化。

（二）灵活的政策工具

政策和法规应当提供灵活的政策工具，以应对不同情况和需求。例如，可以通过试点项目、示范工程等方式，探索和验证新的教育模式和方法。

（三）前瞻性规划

政策和法规的制定应当具有前瞻性，考虑到未来社会和经济的发展趋势，以及教育技术的潜在影响。这有助于确保政策和法规能够引导继续教育的长远发展。

三、宣传教育与培训

加强对政策和法规的宣传教育，提高高等学校与教育机构和学习者的法规意识和执行能力，是确保政策和法规得到有效执行的重要手段。

（一）政策解读与传播

政府、高等学校与教育机构应当通过多种渠道和方式，对政策和法规进行解读和传播，确保所有利益相关者都能够理解和掌握政策和法规的内容和要求。

（二）专业培训与研讨

定期举办相关的专业培训和研讨活动，提升高等学校与教育机构管理人员和教师的政策理解能力和执行技巧。同时，为学习者提供法规知识培训，增强他们的自我保护意识和能力。

（三）案例分享与交流

通过分享成功的案例和经验，促进高等学校与教育机构之间的交流和学习。这有助于推广有效的教育实践，提高政策和法规的执行效果。

四、监督执行与反馈

建立健全的政策和法规执行监督机制，确保政策和法规得到有效执行，同时收集执行过程中的反馈和建议，不断优化和完善政策和法规。

（一）监督机构与程序

建立专门的监督机构和程序，对政策和法规的执行情况进行定期检查和评估。监督机构应当具备专业性和独立性，确保监督的公正性和有效性。

（二）反馈渠道与机制

设立便捷的反馈渠道和机制，鼓励高等学校与教育机构、学习者和其他利益相关者提供反馈和建议。这些反馈应当被认真分析和采纳，作为政策和法规修订的重要依据。

（三）持续改进与优化

根据监督结果和反馈信息，对政策和法规进行持续的改进和优化。这有助于提高政策和法规的适应性和有效性，确保继续教育的健康发展。

通过上述措施，高等学历继续教育的政策环境和法规体系将更加完善和高效，为继续教育的发展提供坚实的保障。政策和法规的制定与执行不仅能够提升教育质量，还将推动继续教育的创新和发展，满足社会和个人多样化的学习需求，也能够促进教育公平和终身学习，为社会和个人的发展做出重要贡献。

第八章

高等学历继续教育人才培养质量理论分析

第一节 高等学历继续教育质量的内涵与外延

一、高等学历继续教育质量的内涵

（一）教育目标的明确性与适应性

在地方高校继续教育高等学历教育领域，教育目标的明确性与适应性构成了教育质量的核心。这些目标不仅是教育规划的起点，也是评估教育成效的终点。教育目标的设定必须基于对地方社会、经济需求和个人发展目标的深入理解，以及对行业趋势的前瞻性分析。通过市场调研，高校能够识别出哪些技能和知识是目前和未来劳动力市场所急需的，从而设计出符合这些需求的课程和教学计划。然而，继续教育和成人教育的学生群体具有高度的多样性，他们的背景、经验和学习需求各不相同。因此，教育目标的设定不仅要反映社会和经济的需求，还要考虑到成人学习者的特点。成人学习者往往具有丰富的工作经验，他们带着实际问题和明确的学习目标来到课堂。因此，教育目标应具有足够的灵活性，以适应不同学生的学习路径和职业发展需求。

为了实现这一目标，地方高校可以采取多种策略。首先，高校可以与地方企业、行业组织和社区紧密合作，共同开发课程，确保教育内容与实际工作需求紧密相连。其次，高校可以提供多样化的学习模式，如在线学习、夜校、周末班等，以适应成人学习者的时间安排。此外，高校还可以利用现代教育技术，如在线学习管理系统和多媒体工具，提高教育的可及性和互动性。教育目标的明确性与适应性还要求高校建立有效的评估和反馈机制。通过定期的课程评估、学生反馈和就业跟踪，高校可以及时了解教育目标的实施效果，并根据反馈进行调整。这种持续的评估和改进过程有助于高校不断优化教育目标，以满足不断变化的社会和个人需求。最后，地方高校在设定教育目标时，还应考虑地方特色和文化因素。每个地方都有其独特的社会、经济和文化背景，这些因素都会影响教育目标的设定。高校应充分考虑这些地方特色，设计出既符合地方发展需求，又具有地方特色的教育目标。

总之，在地方高校继续教育和成人教育中，教育目标的明确性与适应性是提升教育质量的关键。通过深入的市场调研、与地方企业的紧密合作、提供多样化的学习模式、利用现代教育技术、建立有效的评估和反馈机制，以及考虑地方特色，高校可以设计出既符合社会和经济需求，又适应成人学习者个性化需求的教育目标。这不仅有助于提高教育的质量和相关性，也有助于促进地方社会和经济的发展。

（二）课程设计的综合性与前瞻性

在地方高校继续教育的高等学历教育中，课程设计是确保教育质量的核心环节。一个全面且具有前瞻性的课程设计不仅需要满足当前的学术标准，还应预见并适应未来的教育和职业需求。高质量课程设计关键要素包括：

基础课程的重要性：基础课程为学生提供了必要的知识框架，帮助他们建立批判性思维、解决问题的能力和终身学习的基础。这些课程通常包括数学、科学、语言艺术和社会科学等领域。地方高校在设计基础课程时，应注重培养学生的通用技能，如沟通、团队合作和技术应用能力。

专业核心课程的深度：专业核心课程是学生专业学习的基石，应涵盖该领域的关键概念、理论和实践。地方高校应与行业专家合作，确保课程内容与行业标准和实际操作紧密相连。这些课程应该定期更新，以反映该领域的最新发展和趋势。

选修课程的广度：选修课程为学生提供了探索个人兴趣和职业目标的机会。地方高校应提供多样化的选修课程，以适应不同学生的学习需求和职业规划。这些课程可以包括跨学科课程、新兴领域的课程和专业技能提升课程。

课程内容的更新机制：为了确保课程内容的时效性，地方高校应建立一个动态的课程更新机制。这包括定期的课程审查、行业咨询委员会的反馈、学术研究的整合和市场需求的分析。通过这种机制，高校可以及时将最新的学术研究和行业实践融入课程中。

教学方法的多样性：教学方法的多样性是激发学生学习兴趣和提高教学效果的关键。地方高校应采用多种教学方法，如讲座、研讨、案例分析、模拟实验和项目导向学习。这些方法可以促进学生的主动学习，提高他们的参与度和满意度。

技术的融合：现代教育技术为提高教育的可及性和互动性提供了无限可能。地方高校应利用在线学习管理系统、多媒体工具和移动学习应用等技术，为学生提供灵活的学习方式。这些技术可以帮助学生在任何时间和地点进行学习，提高学习效率。

课程设计的灵活性：考虑到成人学习者的特殊需求，地方高校的课程设计应具有高度的灵活性。这包括提供不同学习模式（如全日制、兼职、在线学习）、灵活的课程安排（如晚上和周末课程）和个性化的学习路径。

学生参与的课程设计：学生是教育过程中的重要参与者，他们的意见和反馈对课程设计至关重要。地方高校应鼓励学生参与课程设计的讨论，了解他们的需求和期望。通过问卷调查、焦点小组和学生代表会议等方式，高校可以收集学生的反馈，并将其纳入课程设计的决策中。

课程设计的持续评估与改进：课程设计不是一次性的任务，而是一个持续的过程。地方高校应建立一个系统的课程评估机制，定期评估课程的效果和学生满意度。通过收集和分析数据，高校可以识别课程设计中的问题，并进行必要的改进。

课程设计的国际化视角：在全球化的背景下，地方高校的课程设计应具有国际化视角。这意味着课程内容应包含国际案例研究、全球行业标准和跨文化交流的机会。通过这种方式，高校可以为学生提供全球视野，帮助他们在国际舞台上竞争。

课程设计的地方特色：尽管国际化很重要，地方高校的课程设计还应体现地方特色。这包括融入地方文化、历史和社会问题，以及与地方企业和组织合作。通过这种方式，高校可以为学生提供与本地社区紧密相连的学习体验。

课程设计的可持续发展：可持续发展是当今世界的重要议题，地方高校的课程设计应反映这一理念。这包括提供关于环境、社会和经济可持续性的知识，以及培养学生的可持续发展思维和实践能力。

课程设计的创新与创业教育：在创新和创业日益重要的今天，地方高校的课程设计应强调这些领域的教育。这包括提供创新思维、创业精神和商业技能的课程，以及为学生提供实践机会，如创业竞赛、实习和孵化器项目。

课程设计的终身学习支持：地方高校的课程设计应支持学生的终身学习。这包括提供继续教育和专业发展的机会，以及建立校友网络和职业发展服务。通过这种方式，高校可以帮助学生在职业生涯中不断学习和成长。

（三）教学互动的深度与广度

在地方高校继续教育的高等学历教育中，教学互动是提升教育质量的核心因素。它不仅能够激发学生的学习兴趣，还能促进学生批判性思维和问题解决能力的发展。在这一过程中，教师的角色至关重要。他们不仅是知识的传递者，更是学习过程的引导者和促进者。通过鼓励学生参与课堂讨论，教师可以创造一个开放和包容的学习环境，让学生能够自由地表达自己的观点和想法。

为了实现这一目标，教师需要采用多样化的教学方法。传统的讲授法虽然有其价值，但往往不足以满足成人学习者的需求。因此，教师可以结合研讨、案例分析、模拟实验等多种教学方法，以适应不同学生的学习风格和需求。这些方法可以提高学生的参与度，使他们能够更深入地理解和掌握课程内容。生生互动也是教学互动的重要组成部分。通过小组讨论和项目工作，学生可以在同伴之间交流思想、分享经验、协作解决问题。这种互动可以培养学生的团队合作和沟通能力，这些能力对于他们未来的职业发展至关重要。为了促进生生互动，教师可以设计团队合作的任务和活动，鼓励学生在小组内部进行分工合作。个性化指导是另一个关键点。由于成人学习者具有不同的学习背景、工作经验和职业目标，因此他们对教育的需求也各不相同。教师应提供个性化的学习指导，帮助学生根据自己的学习风格和需求进行学习。这可能包括一对一的辅导、个性化的学习计划、灵活的学习安排等。此外，教师还应利用技术提高教学互动的深度和广度。在线学习管理系统、讨论板、视频会议工具等技术可以为学生提供更多的互动机会。通过这些工具，学生可以随时随地与教师和同伴进行交流和讨论，分享学习资源和经验。最后，教学互动的深度和广度还取决于教师的专业发展。教师需要不断更新自己的教学理念和方法，以适应不断变化的教育环境和学生需求。地方高校应为教师提供专业发展的机会，如培训、研讨会、学术会议等，以支持他们的成长和发展。

总之，教学互动是地方高校继续教育高等学历教育中不可或缺的一部分。通过教师与学生的互动、多样化的教学方法、生生互动、个性化指导和技术的应用，可以提高教学互动的深度和广度，从而提升教育质量。这不仅有助于学生知识的掌握和技能的发展，也有助于他们批判性思维、问题解决能力和终身学习能力的培养。

（四）学习支持的全面性与可及性

在地方高校继续教育的高等学历教育中，学习支持服务是确保教育质量的关键组成部分。这些服务的全面性与可及性直接影响着学生的学习体验和教育成效。首先，提供丰富的学习资源是学习支持服务的基础。地方高校应确保学生能够轻松访问图书馆资源、在线数据库和学术期刊，这些资源对于学生的学术研究至关重要。图书馆不仅是书籍和期刊的存储地，也是学习和研究的中心，提供安静的学习环境、研讨室和研究支持服务。

在线数据库和学术期刊的可访问性对于继续教育的学生尤为重要，因为他们中的许多人可能需要在工作和学习之间平衡时间。通过提供远程访问服务，学生可以在任何时间、任何地点获取所需的学术资料，这对于提高学习灵活性和便利性至关重要。此外，高校应定期举办工作坊和培训课程，帮助学生提高信息检索和学术研究的技能。

技术支持是学习支持服务的另一个重要方面。随着信息技术的快速发展，计算机实验室、网络设施和在线学习平台已成为教育不可或缺的一部分。地方高校应投资于先进的技术基础设施，为学生提供高速的网络连接、现代化的计算机实验室和易于使用的在线学习管理系统。此外，高校应提供技术支持服务，帮助学生解决在使用技术过程中遇到的问题。

学术辅导和个人辅导服务对于帮助学生克服学习中遇到的困难至关重要。地方高校应提供个性化的学术辅导，帮助学生提高学习技巧、写作能力和批判性思维能力。个人辅导服务可以帮助学生解决个人问题，如时间管理、压力管理和健康问题，这些问题可能会影响学生的学习表现。通过提供这些服务，高校可以帮助学生保持积极的学习态度，提高他们的学习动力和成功率。

职业咨询服务是学习支持服务的另一个重要组成部分。地方高校应提供职业规划和就业指导服务，帮助学生了解不同职业的发展前景，制定职业发展计划。通过举办职业发展讲座、招聘会和实习机会，高校可以帮助学生建立职业网络，提高他们的就业竞争力。此外，高校应提供简历写作和面试技巧的培训，帮助学生在求职过程中脱颖而出。

最后，地方高校应建立一个全面的评价和反馈机制，定期评估学习支持服务的效果。通过收集学生的反馈，高校可以了解学习支持服务在哪些方面做得好，在哪些方面需要改进。这种持续的评估和改进过程对于确保学习支持服务能够满足学生不断变化的需求至关重要。

总之，学习支持服务在地方高校继续教育的高等学历教育中发挥着至关重要的作用。通过提供丰富的学习资源、技术支持、学术辅导、个人辅导和职业咨询服务，高校可以为学生创造一个支持性的学习环境，帮助他们克服学习中的挑战，实现个人和职业发展的目标。高校应不断评估和改进学习支持服务，以确保它们能够满足学生的需求，提高教育质量和学生的成功率。

二、高等学历继续教育质量的外延

(一) 社会认可度的重要性

在地方高校继续教育的高等学历教育中，社会认可度是衡量教育项目成功的关键指标之一。社会认可度的提升意味着学历和证书在更广泛的社会和职业领域内得到认可和尊重，这对于增加教育项目的价值和可信度至关重要。首先，教育部门和行业机构的认可是提高学历认可度的基石。通过官方认证和专业认证，教育项目能够展示其符合既定的教育标准和行业要求，从而赢得公众的信任。此外，与行业机构建立稳固的合作关系，确保教育内容与行业标准和实际需求相一致，是提高社会认可度的有效途径。这种合作可以通过校企合作项目、行业咨询委员会的参与、实习和工作机会的提供来实现。这些活动不仅为学生提供了宝贵的实践经验，也使教育项目更加贴近市场和行业的需求。

社会认可度的提升还涉及公众对继续教育价值的认识和理解。这需要通过公共关系活动和成功案例的宣传来实现。地方高校可以通过各种渠道，如社交媒体、新闻稿、校友网络和社区活动，来提高其继续教育项目的知名度和影响力。通过分享成功毕业生的故事、突出教育项目的独特优势和展示学生的工作成果，可以加深公众对继续教育价值的认识。此外，持续的教育质量评估和改进也是提高社会认可度的关键。地方高校应定期进行教育质量的内部和外部评估，确保教育项目能够不断适应社会和行业的变化。通过收集和分析学生、教师、雇主和其他利益相关者的反馈，高校可以识别教育项目中存在的问题，并采取相应的改进措施。最后，地方高校应积极参与地方和区域的社会经济发展，通过提供继续教育和终身学习机会，为社区成员提供职业发展和个人成长的动力。通过这种方式，高校不仅能够提高其教育项目的社会认可度，还能够为地方社会和经济的发展作出贡献。

总之，社会认可度是地方高校继续教育高等学历教育成功的关键因素。通过获得教育部门和行业机构的认可、与行业建立合作关系、提高公众对继续教育价值的认识、进行持续的教育质量评估和改进，以及积极参与地方社会经济发展，地方高校可以提高其继续教育项目的社会认可度，从而提升教育质量和学生的成功率。

（二）就业率的反映性

在地方高校继续教育的高等学历教育领域，毕业生的就业率是一个至关重要的指标，它直接反映了教育项目与市场需求的对接程度和教育质量的高低。高就业率不仅证明了学生所学知识和技能得到了行业的认可，也是高校教育成效的有力证明。为了提高学生的就业竞争力，高校必须提供全面的就业支持服务，包括职业规划、就业指导、简历写作、面试技巧培训等。这些服务帮助学生了解职场需求，提前准备，从而在求职过程中脱颖而出。

与企业建立紧密的合作关系，为学生提供实习机会，是提高就业率的有效途径。通过实习，学生能够将理论知识应用于实际工作中，积累宝贵的工作经验，增强职业技能，这些都是雇主非常看重的素质。高校应积极与地方企业沟通，了解行业动态和用人需求，设计符合市场需求的课程内容，建立校企合作项目，为学生提供实习机会。此外，对毕业生的就业情况进行跟踪调查，是了解教育质量、评估教育成效的重要手段。通过问卷调查、访谈、数据分析等方法，高校可以搜集毕业生的就业信息，包括就业领域、职位类型、薪酬水平、职业满意度等。这些信息对于高校调整教育策略、改进课程设置、提高教学质量具有重要参考价值。高校还应建立校友网络，为毕业生提供持续的职业发展支持。通过校友会、职业发展讲座、行业交流会等活动，高校可以帮助毕业生建立职业联系，获取行业信息，提升职业技能，实现职业生涯的持续发展。同时，校友的成功案例也能激励在校学生，提高他们对高校教育的信心。

总之，就业率的反映性是衡量地方高校继续教育高等学历教育质量的重要指标。高校应通过提供就业支持服务、建立校企合作关系、进行毕业生就业情况跟踪调查、建立校友网络等措施，提高学生的就业竞争力，促进学生的就业和职业发展。这不仅有助于提高教育质量，也是高校服务社会、促进地方经济发展的重要途径。

（三）学生满意度的反馈性

在地方高校继续教育的高等学历教育领域，学生满意度的反馈性是衡量和提升教育质量的关键指标。通过问卷调查、访谈、座谈会等多种形式，教育机构能够收集学生对教育过程的全面反馈。这些反馈不仅涵盖了课程内容的深度与广度、教学方法的有效性、学习资源的丰富性，还包括了学习支持服务的及时性和个性化需求的满足程度。

学生反馈的分析揭示了教育过程中存在的问题，如课程与市场需求的脱节、教学方法的单一性、学习资源的不足或过时、学习支持服务的不充分等。这些问题的发现对于教育机构来说至关重要，因为它们直接影响学生的学习体验和教育成果。对学生提出的问题和建议进行认真分析，并及时解决，是提高教育质量的关键。这要求教育机构建立一个快速响应机制，能够迅速识别问题所在，制定解决方案，并实施必要的改进措施。这种机制不仅能够提升学生的满意度，还能够增强教育机构的灵活性和适应性。此外，建立持续改进机制是确保教育质量持续提升的重要措施。根据学生的反馈和教育评估结果，教育机构应不断改进教育内容和教学方法。这可能包括更新课程内容以反映最新的行业趋势、引入多样化的教学方法以适应不同的学习风格、增加互动性和实践性的教学环节，以及提供更加个性化的学习支持服务。持续改进还涉及对教育质量的定期评估。教育机构应定期进行内部和外部的教育质量评估，以监测改进措施的效果，并根据评估结果进行进一步的调整。这种持续的自我评估和反思过程有助于教育机构不断优化教育服务，满足学生和社会的期望。最后，学生满意度的反馈性还与学生的参与度密切相关。教育机构应鼓励学生参与教育过程的决策，如课程设计、教学方法的选择、学习资源的配置等。通过让学生参与到教育过程中，教育机构不仅能够更好地满足学生的需求，还能够培养学生的责任感和归属感。

综上所述，学生满意度的反馈性在地方高校继续教育的高等学历教育中扮演着至关重要的角色。通过收集和分析学生的反馈，教育机构能够发现并解决教育过程中的问题，建立持续改进机制，不断提升教育质量，最终实现教育目标，满足学生和社会的需求。

第二节 高等学历继续教育质量保障体系

在高等学历继续教育领域，构建一个全面的质量保障体系对于维护教育质量、提升学生满意度以及增强社会认可度至关重要。质量保障体系不仅涉及教育过程中的各个环节，还包括持续改进和评估机制，确保教育服务能够满足学生、雇主以及社会的期望。

以下是对"高等学历继续教育质量保障体系"各节内容的详细阐述，以段落形式呈现。

一、教育质量标准制定

高等学历继续教育的质量保障体系的基础在于明确的教育质量标准。这些标准是衡量和保障教育活动符合预期目标的基准。它们应全面覆盖课程设计、教学方法、学习成果评估、教师资质和学生支持服务等关键领域。课程设计需确保与行业需求同步，教学方法应促进学生的主动学习和批判性思维，学习成果评估应准确反映学生的知识掌握和技能应用，教师资质需满足教学和学术研究的高标准，学生支持服务则应提供必要的学术和心理辅导。教育部门和专业机构的共同参与，确保了这些标准既符合国家教育政策，又能够贴近并预测行业发展趋势。

二、教育质量评估机制

教育质量的持续提升需要一个科学的评估机制。内部评估可以包括教学自我评估、学生学习成果的定期测试和课程反馈。外部评估则可能涉及同行评审、行业专家的课程认证、毕业生跟踪调查以及雇主满意度调查。这些评估活动的结果应用于指导教育实践的改进，提升教学效果和学习体验。评估机制的建立应鼓励开放性和透明性，确保所有利益相关者的意见都得到充分的考虑。

三、教师专业发展

教师是教育质量保障体系中不可或缺的一部分。教师的专业发展不仅涉及教学技能的提升，也包括对学科知识的不断更新和研究能力的提高。继续教育质量保障体系应鼓励教师参与持续教育、教学法培训和学术研讨，以促进教师的专业成长。教师的专业发展还应包括对教育技术的有效使用，以及对新兴教学理念的理解和应用。

四、学生支持服务

学生支持服务在质量保障体系中起着至关重要的作用。这些服务包括但不限于学术辅导、心理咨询、职业规划和就业服务。学术辅导帮助学生克服学习障碍，心理咨询提供情感和压力管理的支持，职业规划服务帮助学生确定职业目标，就业服务则为学生提供实习和就业机会。全面的学生支持服务能够显著增强学生的满意度和成功率。

五、教育技术的应用

信息技术的发展为教育质量的提高提供了新的机遇。在线学习平台、虚拟实验室、模拟软件等工具可以提供灵活的学习方式，增强学习体验的互动性和实践性。教育技术的应用应以提高教学效率和学习效果为目标，同时考虑到不同学生群体的技术接受能力和使用习惯。

六、校企合作与实习就业

校企合作是连接教育与职业实践的桥梁。通过与企业的紧密合作，高校能够及时更新课程内容，确保教学与行业需求同步。实习机会为学生提供了将理论知识应用于实际工作的平台，增强了他们的职业技能和就业竞争力。高校应积极与企业建立合作关系，共同设计课程，提供实习岗位，促进学生的就业。

七、持续改进与反馈机制

高等学历继续教育质量保障体系的核心在于持续改进。这要求高校建立一个反馈机制，定期收集和分析来自学生、教师、雇主以及其他利益相关者的反馈。这些信息对于识别教育过程中的问题、调整教学策略、改进服务质量至关重要。持续改进的过程应基于数据和证据，避免主观判断，确保教育活动能够不断适应社会和市场的变化。

结合辽宁某高校高等学历继续教育保障体系建设情况（如下页图所示）进行具体分析。

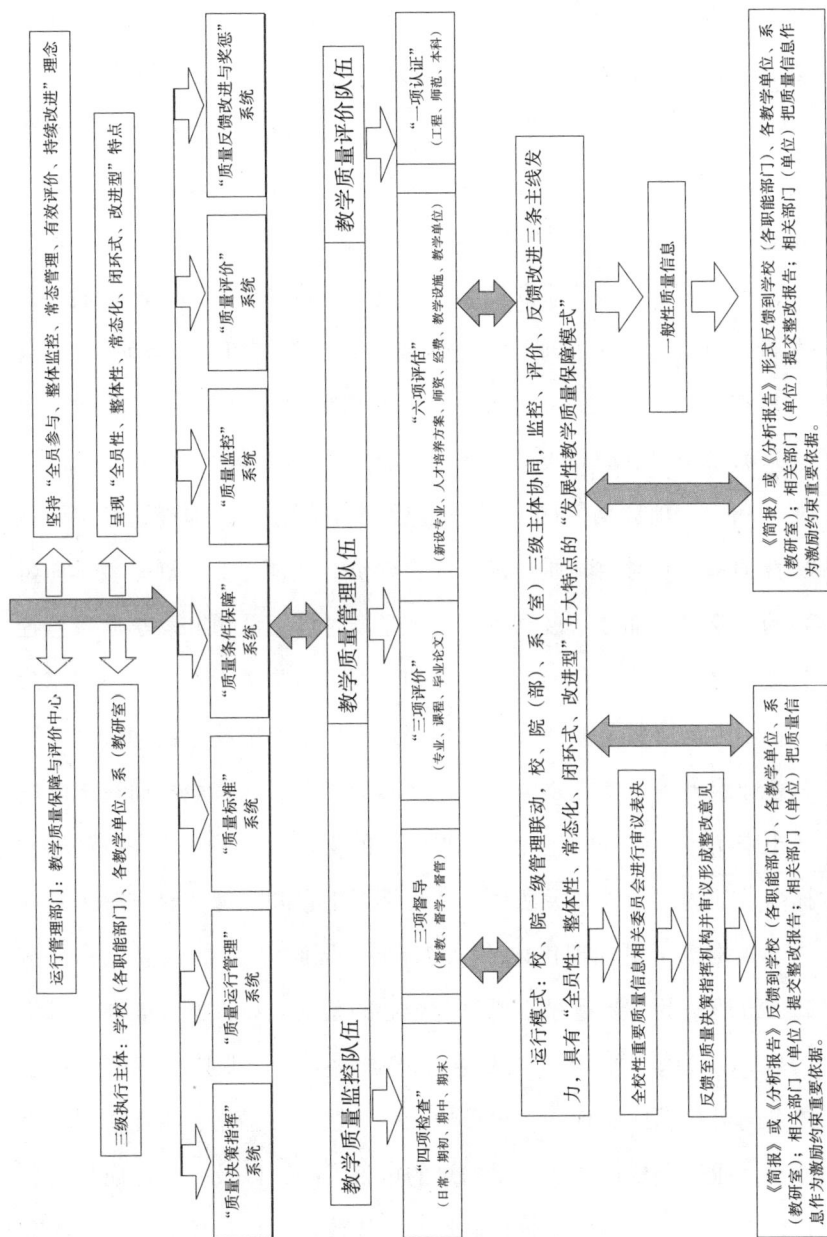

图1　高等学历继续教育质量保障体系示意图

由上页图可见，该高校的高等学历继续教育质量保障体系是一个全面、多级、闭环式的管理模式，旨在通过全员参与、整体监控、常态管理、有效评价和持续改进，确保教学质量的持续提升。该体系首先强调"质量标准"的制定，这是保障教育质量的基石。该高校通过教学质量保障与评价中心，联合各职能部门和教学单位，共同确立教学和学习的标准，确保这些标准既符合国家教育政策，又能够适应行业需求和市场变化。其中，评估机制是该体系的核心，涉及"质量评价"和"质量监控"。该高校实施三级执行主体管理，包括学校、教学单位和系（教研室），通过"四项检查"（日常、期初、期中、期末）和"三项督导"（督教、督学、督管）确保教学活动的质量。此外，通过"三项评价"（专业、课程、毕业论文）和"六项评估"（新设专业、人才培养方案、师资、经费、教学设施、教学单位）对教学质量进行综合评价。教师专业发展是教学质量保障体系的重要组成部分。该高校通过教学质量管理队伍和教学质量监控队伍，为教师提供持续教育和教学法培训，促进教师的专业成长，提高教学质量。在学生支持服务方面，该高校通过提供学术辅导、心理咨询、职业规划和就业服务等，增强学生的满意度和成功率。这些服务通过教学质量评价队伍来实施，确保学生能够获得必要的支持。另外，该高校利用教育技术提高教学的互动性和灵活性。在线学习平台和虚拟实验室等工具的应用，为学生提供了更加现代化的学习体验。同时可见，校企合作是该高校提高教育质量的重要途径。通过与企业的紧密合作，学院能够及时更新课程内容，并为学生提供实习机会，增强学生的职业技能和就业竞争力。该体系的运行模式体现了"全员性、整体性、常态化、闭环式、改进型"的特点。通过全校性重要质量信息的审议表决，以及一般性质量信息的反馈和整改，该高校确保了教育质量的持续改进。该高校的高等学历继续教育质量保障体系是一个综合性的管理模式，它通过明确的质量标准、科学的评估机制、教师专业发展、学生支持服务、教育技术的运用、校企合作以及持续改进和反馈机制，确保了教学质量的持续提升。该体系的运行依赖于校、院二级管理联动和校、院（部）、系（室）三级主体协同，以及监控、评价、反馈改进三条主线的共同发力。

综上所述，高等学历继续教育质量保障体系是一个多方面、多层次的复杂体系。它要求高校从教育质量标准的制定、评估机制的建立、教师专业发展、学生支持服务、教育技术的应用、校企合作到持续改进与反馈机制等多个方面进行全面规划和管理。通过这一体系的实施，可以确保高等学历继续教育能够有效地满足个人、行业和社会的需求，不断提升教育质量和学生满意度。

第三节　高等学历继续教育人才培养的特殊性

高等学历继续教育的人才培养特殊性在于其对成人学习者需求的深刻理解、工作经验与学术课程的融合、个性化学习路径的构建、终身学习理念的内化与推广、技术技能与创新能力的双重培养以及社会责任感与职业伦理的教育等方面。具体可以归纳为以下几个方面。

一、成人学习者需求的识别与适应

高等学校与教育机构在开展高等学历继续教育时，首先需识别成人学习者的特定需求。由于这些学习者往往具有丰富的职业背景和生活经验，他们的学习目标更为明确，对知识与技能的实用性有更高要求。因此，人才培养方案应提供灵活的学习安排，如晚间课程、在线学习平台和弹性学制，以适应成人学习者的工作与生活平衡需求。

二、工作经验与学术课程的融合

考虑到成人学习者已有的工作经验，高等学校与教育机构应设计课程，将学术理论与实际工作场景相结合。通过案例研究、项目导向学习和工作坊等形式，促进理论知识与实践经验的融合，增强课程的实践性和应用性，从而提升学习者的专业能力。

三、个性化学习路径的构建

为了满足成人学习者的个性化需求，高等学校与教育机构应提供定制化的学习路径。这包括多样化的课程选择、个性化的学习计划和灵活的学习进度，使学习者能够根据自己的职业目标和兴趣进行学习。个性化学习路径的构建有助于提升学习者的参与度和满意度，同时促进其职业发展。

四、终身学习理念的内化与推广

高等学历继续教育旨在培养学习者的终身学习能力。高等学校与教育机构应通过提供持续教育的机会、鼓励自主学习和批判性思维，以及建立学习社群和网络，来内化终身学习的理念。这不仅有助于学习者适应快速变化的职业环境，也是个人持续成长和发展的关键。

五、技术技能与创新能力的双重培养

在技术快速发展的今天，高等学校与教育机构应重视技术技能的培养，并将之作为继续教育的核心内容。课程设计应涵盖最新的信息技术，如数据科学、人工智能、网络安全等，同时注重培养学习者的创新能力和适应能力，确保他们能够在未来的工作中运用技术解决问题。

六、社会责任感与职业伦理的教育

除了专业技能，高等学校与教育机构还应强调社会责任感和职业伦理的教育。通过社会实践项目、伦理讨论和社会服务活动，培养学习者的社会意识和责任感。这有助于学习者成为既有专业能力又有社会责任感的公民。

第九章

高等学历继续教育人才培养质量
监测体系构建

第一节　监测体系设计原则

在构建高等学历继续教育人才培养质量监测体系时，设计原则是确保体系科学性、系统性和有效性的基础。以下是对监测体系设计原则的具体阐述。

一、全面性原则

监测体系应全面覆盖高等学历继续教育的各个方面，包括教学过程、学生学习成果、教师教学效果、课程设置、教育资源利用以及学生满意度等。这一原则确保了监测活动能够全面评估教育质量，为持续改进提供全面的数据支持。

二、系统性原则

监测体系应作为一个整体系统进行设计，其中各个监测指标相互关联，形成一个有机整体。系统性原则有助于避免孤立地看待教育质量的各个组成部分，而是从整体上把握教育质量的全貌。

三、动态性原则

教育质量是一个动态变化的过程，因此监测体系也应具备动态性，能够适应教育环境和需求的变化。这意味着监测体系应能够及时更新，以反映最新的教育标准和行业需求。

四、参与性原则

监测体系的设计和实施应鼓励所有利益相关者的参与，包括学生、教师、管理人员、雇主以及行业专家。参与性原则有助于收集多元化的反馈，增强监测体系的透明度和公信力。

五、发展性原则

监测体系应以促进教育质量的持续发展为目标，而不仅仅是评价现状。发展性原则强调监测结果的应用，通过反馈和改进机制，推动教育实践的不断进步。

六、可操作性原则

监测体系应具有可操作性，确保监测活动可以具体实施，监测指标可以明确界定和测量。可操作性原则要求监测工具和方法是实际可行的，能够被教育机构有效运用。

七、客观性原则

监测体系的设计与执行应追求客观性，减少主观判断的影响。这意味着监测标准和工具应尽可能地标准化，监测过程应公开透明，监测结果应基于实证数据。

八、合法性原则

监测体系应遵守相关法律法规和教育政策，确保监测活动在合法的框架内进行。合法性原则有助于确保监测体系的正当性和监测结果的有效性。

在设计高等学历继续教育人才培养质量监测体系时，遵循全面性、系统性、动态性、参与性、发展性、可操作性、客观性和合法性原则，是确保监测体系科学、有效和可靠的重要保证。通过这些原则的指导，高等学校与教育机构可以构建一个能够准确反映教育质量、促进教育改进，并最终提升人才培养质量的监测体系。

第二节　关键绩效指标的确定

在高等学历继续教育人才培养质量监测体系中，关键绩效指标（KPIs）的确定是确保教育质量监测具有针对性和可衡量性的重要步骤。关键绩效指标可分为以下几点。

一、教学效果指标

衡量教师的教学效果是KPIs的核心内容之一。这包括学生对教学满意度的调查结果、教学方法的创新性、教学内容的更新频率以及教学活动的参与度等。

二、学习成果指标

学生的学习成果直接反映了教育质量。关键指标可能包括学生的知识掌握程度、技能应用能力、批判性思维能力以及解决问题的能力。

三、课程质量指标

课程设计和内容的质量是影响学习成果的重要因素。相关的KPIs可能涉及课程结构的合理性、课程内容的前沿性、教学资源的丰富性以及课程与行业需求的匹配度。

四、学生满意度指标

学生满意度调查结果可以提供关于教育服务和学习体验的重要反馈。这包括对教学环境、学习资源、学生支持服务以及职业发展服务的满意度。

五、毕业生就业率指标

毕业生的就业情况是衡量教育质量的直接指标。KPIs应包括毕业生的就业率、就业质量，以及毕业生对就业服务的满意度。

六、学生参与度指标

学生的积极参与是成功学习的关键。监测指标可能包括学生的课堂参与度、课外活动的参与度，以及对学习社区的贡献度。

七、教师专业发展指标

教师的专业成长对提升教学质量至关重要。KPIs应涵盖教师的继续教育情况、教学法的掌握程度、研究成果以及对学生的指导效果。

八、教育资源利用效率指标

教育资源的有效利用是提高教育质量的前提。相关的KPIs可能包括教学设施的使用率、图书馆和在线资源的访问频率以及教育技术的应用程度。

九、持续改进指标

教育机构对监测结果的响应和改进措施是提升教育质量的关键。KPIs应包括监测反馈的响应时间、改进措施的实施效果以及持续改进机制的建立情况。

确定高等学历继续教育人才培养质量监测体系的关键绩效指标（KPIs）是构建有效监测体系的基础。通过这些KPIs，高等学校与教育机构可以定量和定性地评估教育质量，识别优势和不足，制定改进措施，并持续提升人才培养质量。

第三节　数据收集与管理

在高等学历继续教育人才培养质量监测体系中，数据收集与管理是确保监测活动有效性的关键环节。数据收集与管理具体内容包括以下方面。

一、数据收集的目的与范围

明确数据收集的目的对于指导整个监测活动至关重要。数据收集应涵盖所有关键绩效指标（KPIs），包括教学效果、学习成果、课程质量、学生满意度、毕业生就业率、学生参与度、教师专业发展、教育资源利用效率以及持续改进效果等。

二、数据来源的多样性

为了获得全面的质量信息，高等学校与教育机构应从多个渠道收集数据，包括学生、教师、校友、雇主以及行业专家等。这种多源数据收集有助于提供更全面的教育质量视图。

三、数据收集的方法

采用合适的数据收集方法可以提高数据的准确性和可靠性。常见的方法包括问卷调查、访谈、观察、测试、自我评估以及从教育管理系统中提取数据等。

四、数据的安全性与隐私保护

在数据收集和管理过程中，必须严格遵守数据保护法规和隐私政策。确保所有敏感信息都得到妥善处理，个人隐私得到充分保护。

五、数据的存储与管理

建立一个有效的数据管理系统对于数据的长期保存和便捷访问至关重要。这包括数据的分类、索引、备份以及定期更新等。

六、数据分析的方法

数据分析是将原始数据转化为有用信息的过程。采用合适的统计分析方法，如描述性统计、相关性分析、回归分析等，可以揭示数据之间的关系，为教育质量的评估和改进提供依据。

七、数据的解释与应用

数据分析的结果需要被正确解释，并用于指导教育实践的改进。这要求数据分析师不仅具备数据分析技能，还应了解教育背景和需求。

八、数据的可视化

将数据以图表、图形等形式可视化，可以更直观地展示数据结果，帮助利益相关者理解复杂的数据信息。

九、数据的共享与交流

在确保数据安全和隐私的前提下，高等学校与教育机构应促进数据的共享与交流。这不仅有助于内部的持续改进，还可以为外部的教育研究和政策制定提供数据支持。

在高等学历继续教育人才培养质量监测体系中，数据收集与管理是基础而关键的环节。通过明确数据收集的目的与范围、采用多样化的数据来源和收集方法、确保数据的安全性与隐私保护、建立有效的数据存储与管理系统、运用科学的数据分析方法、正确解释与应用数据、实现数据的可视化以及促进数据的共享与交流，高等学校与教育机构可以确保监测体系的有效运行，为教育质量的持续提升提供坚实的数据支持。

第四节　评估方法论

在构建一个高等学历继续教育的人才培养质量监测体系时，评估方法论是核心组成部分。其关键要素包含以下几点。

一、目的的多样性

评估目标因特定需求而异。例如，一些高等学校和教育机构可能更关注于提升学术研究的质量，而其他机构可能更注重职业技能的培养。

二、目标的SMART原则

确保评估目标要求是具体（Specific）、可衡量（Measurable）、可达成（Achievable）、相关（Relevant）和时限（Time-bound）的。

三、标准制定的依据

评估标准应基于高等学历继续教育目标和学习成果，包括课程内容、教学方法、学生参与度等。

四、标准的层次性

评估标准一般分为宏观和微观两个层次，宏观层次关注整个教育项目的质量，微观层次则关注单个课程或教学活动。

五、数据收集

定量数据提供了可比较的基准，有助于评估教育质量的客观性；定性数据如访谈记录和开放式问卷调查，可以提供对高等学历继续教育过程更深层次的理解。

六、评估工具

评估工具的选择应基于评估目标和标准，以及数据收集的需要，评估工具应经过验证，以确保它们能够可靠地测量预定的评估标准。

七、评估周期

周期性评估有助于持续监控和改进教育质量；一次性评估可能适用于特定项目或短期课程的评估。

八、结果分析

根据数据类型应选择合适的统计分析方法，分析结果需要结合高等学历继续教育背景和实际情况进行解释。

九、报告和反馈

报告应清晰、条理化，便于理解。

十、反馈的机制

需要建立有效的反馈机制，确保评估结果能够被及时地反馈给相关利益相关者。

十一、持续改进

基于评估结果，需要制定具体的改进措施，确保改进措施得到有效实施，并进行定期的复查。

评估方法论是高等学历继续教育人才培养质量监测体系的核心。它要求高等学校和教育机构对教育过程进行全面、系统的评估，并基于评估结果进行持续改进。通过科学、系统的评估方法论，教育机构可以不断提升教育质量，更好地满足社会和学生的需求。

第五节　定性与定量评估工具

在高等学历继续教育人才培养质量监测体系的构建中，评估方法论是确保评估活动科学、系统和有效的关键。评估方法论的具体内涵阐述如下。

一、评估目的明确化

在评估方法论中，首先需要明确评估的目的。这可能包括对教育质量的全面审视、对特定教育环节的深入分析、对教育改进措施的效果评估等。明确的目的将指导整个评估活动的设计和实施。

二、评估标准的制定

评估标准是评估活动的依据。高等学校与教育机构应根据教育目标和关键绩效指标（KPIs），制定具体、可量化的评估标准。这些标准应能够全面反映教育质量的各个方面。

三、评估方法的选择

评估方法的选择应基于评估目的和标准。常见的评估方法包括自我评估、同行评审、学生评价、雇主反馈、外部认证等。不同的评估方法有其优势和局限性，应根据具体情况灵活选择。

四、数据收集的系统化

评估方法论强调数据收集的系统化。这包括确定数据收集的渠道、方法、时间点等，确保数据的全面性和代表性。同时，应建立数据质量控制机制，确保数据的准确性和可靠性。

五、数据分析的技术运用

数据分析是评估活动的核心。高等学校与教育机构应运用统计分析、内容分析、因素分析等技术，对收集到的数据进行深入分析，揭示教育质量的影响因素和改进方向。

六、评估结果的解释与沟通

评估结果的解释需要专业知识和经验。高等学校与教育机构应组织专业的评估团队，对评估结果进行客观、全面的解释，并以易于理解的方式向所有利益相关者沟通。

七、评估反馈的机制建立

评估方法论强调建立评估反馈机制。评估结果应用于指导教育实践的改进，形成"评估—反馈—改进"的闭环。同时，评估反馈应及时、具体，便于教育工作者理解和应用。

八、评估活动的持续化

教育质量的评估是一个持续的过程。高等学校与教育机构应建立定期评估的机制，跟踪教育质量的变化趋势，及时调整教育策略。

九、评估伦理的遵守

在评估活动中，高等学校与教育机构应遵守评估伦理，尊重参与者的权益，保护敏感数据的隐私，确保评估活动的公正性和透明性。

　　评估方法论为高等学历继续教育人才培养质量监测体系提供了科学、系统的评估框架。通过明确评估目的、制定评估标准、选择评估方法、系统化数据收集、运用数据分析技术、解释与沟通评估结果、建立评估反馈机制、持续化评估活动以及遵守评估伦理，高等学校与教育机构可以全面、深入地评估教育质量，为教育改进提供坚实的依据。

第十章

高等学历继续教育人才培养质量改进策略

第一节　监测评估结果的应用

在高等学历继续教育人才培养的背景下，监测评估结果的应用是推动教育质量持续改进的关键环节。在对监测评估结果的应用方面应该重点考虑以下几点。

一、结果分析的深入性

监测评估结果的应用首先要求对评估数据进行深入分析。这不仅包括定量数据的统计分析，还包括对定性反馈的深入理解。分析应揭示教育过程中的优势和不足，识别影响教育质量的关键因素。

二、问题识别的准确性

准确识别问题是改进的前提。通过评估结果，高等学校与教育机构应能够识别出教育质量的具体问题，如课程内容的滞后、教学方法的单一、学习资源的不足、学生支持服务的薄弱等。

三、改进措施的针对性

基于评估结果，高等学校与教育机构应制定针对性的改进措施。这些措施应具体、可行，并针对评估中发现的具体问题。例如，如果课程内容滞后，那么更新课程、引入新知识就是必要的改进措施。

四、改进计划的系统性

改进措施的实施应作为一个系统性的计划进行管理。这包括明确改进目标、制定时间表、分配责任、监控进展以及评估效果等。系统性地改进计划有助于确保改进活动的有效性和持续性。

五、利益相关者的参与性

在改进过程中，高等学校与教育机构应鼓励所有利益相关者的参与。这包括教师、学生、管理人员、校友、雇主等。通过参与，利益相关者可以提供宝贵的意见，增强改进措施的实效性。

六、改进效果的监测

改进措施的实施效果需要通过监测进行评估。高等学校与教育机构应建立持续的监测机制，定期跟踪改进进展，评估改进效果，并根据需要进行调整。

七、改进经验的总结

在改进过程中，高等学校与教育机构应不断总结经验，从成功和失败中学习。这些经验可以为未来的改进活动提供宝贵的参考。

八、改进文化的培育

持续的教育质量改进需要一种文化的支持。高等学校与教育机构应培育一种开放、合作、反思和持续改进的文化，鼓励所有成员参与到教育质量改进中来。

监测评估结果的应用是高等学历继续教育人才培养质量改进策略的核心。通过深入分析评估结果、准确识别问题、制定针对性改进措施、实施系统性改进计划、鼓励利益相关者参与、监测改进效果、总结改进经验以及培育改进文化，可以有效地提升高等学校与教育机构教育质量，满足学生和社会的需求。

第二节 人才培养质量改进的策略与措施

在高等学历继续教育领域，人才培养质量的改进是一个持续的过程，需要明确策略和具体措施，具体可以概括为以下几方面。

一、课程内容的现代化

随着行业的发展和变化，课程内容必须保持更新。高等学校与教育机构应定期审查和更新课程，确保教学内容反映最新的行业知识、技术和实践。

二、教学方法的创新

采用多样化的教学方法，如翻转课堂、案例教学、模拟实验等，可以提高学生的参与度和学习效果。同时，鼓励教师采用技术辅助教学，如在线教学平台和多媒体工具。

三、教师专业发展的重视

教师是提高教育质量的关键。高等学校与教育机构应为教师提供持续的专业发展机会，包括教学法培训、学术研讨和行业交流。

四、学生支持服务的加强

提供全面的学生支持服务，包括学术辅导、职业规划、心理健康咨询等，以满足学生的个性化需求，帮助他们成功完成学业。

五、教育技术的整合

利用教育技术提高教学效率和学习体验。这包括在线学习管理系统、互动式学习软件和移动学习应用。

六、校企合作的深化

与行业企业建立紧密的合作关系，为学生提供实习和就业机会，同时确保教育内容与行业需求紧密相连。

七、评估与反馈机制的建立

建立一个有效的评估和反馈机制，定期收集学生、教师和行业专家的反馈，作为改进教育质量的依据。

八、质量文化的发展

在高等学校与教育机构内部培养一种以质量为导向的文化，鼓励所有成员对教育质量持续关注和改进。

九、资源的合理分配

确保教育资源得到有效利用，包括教学设施、学习材料和技术资源，以支持高质量的教学和学习。

十、政策与激励机制的制定

制定支持质量改进的政策，并建立激励机制，鼓励教师和学生参与到质量改进的活动中。

高等学历继续教育人才培养质量的改进需要一个多方面的策略框架和一系列具体的改进措施。通过课程内容的现代化、教学方法的创新、教师专业发展的重视、学生支持服务的加强、教育技术的整合、校企合作的深化、评估与反馈机制的建立、质量文化的发展、资源的合理分配以及政策与激励机制的制定，高等学校与教育机构可以有效地提升人才培养质量，满足不断变化的社会和行业需求。

第三节　持续改进机制的建立

在高等学历继续教育人才培养中，建立持续改进机制是确保教育质量不断提升的关键。其改进内容主要包括以下几点。

一、明确改进目标

改进目标应与教育机构的长远愿景和短期目标相结合，同时符合教育认证标准和行业需求。目标的设定应具体到可以量化和评估，如学生满意度提升百分比、毕业生就业率、课程更新频率等。

二、制定改进计划

改进计划应详细说明如何达成既定目标，包括具体的行动方案、时间节点、预期成果和资源分配。计划应具有弹性，以适应可能出现的新情况和挑战。

三、监测与评估

建立一个系统化的监测和评估框架，定期收集数据并对教育质量进行评估。使用多种评估工具，如问卷调查、访谈、课堂观察、学生作业和测试成绩分析等。

四、反馈与沟通

创建一个正式的反馈渠道，鼓励学生、教师和行业合作伙伴提供反馈。确保反馈机制简单易用，并且能够保证信息的及时传递和处理。

五、激励与认可

设计激励措施以表彰和奖励在教育质量改进中表现突出的个人和团队。激励可以是物质的，如奖金或奖品，也可以是精神的，如表彰和晋升机会。

六、专业发展与培训

为教师和管理人员提供持续的专业发展机会，如研讨会、工作坊、在线课程和学术会议。这些活动应与最新的教育趋势和技术发展保持同步。

七、资源保障

确保有足够的资金、人力和技术资源来支持改进措施的实施。这可能需要对预算进行重新分配或寻求外部资金支持。

八、政策支持

制定和实施支持持续改进的政策，这些政策应与教育机构的整体战略规划相一致，并能够得到高层管理者的支持。

九、文化建设

培养一种持续改进的组织文化，鼓励开放性沟通、团队合作和创新思维。这种文化应体现在教育机构的日常工作和决策过程中。

十、持续改进的循环

采用PDCA（计划—执行—检查—行动）循环或类似的质量管理工具，确保改进活动能够持续进行。每个循环结束时，都应评估成果并规划下一步行动。

持续改进机制的建立是一个涉及多个方面的复杂过程，它要求教育机构在目标设定、计划制定、监测评估、反馈沟通、激励认可、专业发展、资源配置、政策制定和文化培育等多个层面进行努力。通过这种全面的方法，教育机构可以确保教育质量的持续提升，更好地满足学生和社会的需求。

第十一章
高等学历继续教育案例研究

高等学历继续教育案例研究是理解和评估继续教育实践的重要手段。通过分析成功的项目案例、实施实例以及分享教训和经验，可以为继续教育的实践提供宝贵的参考和启示。

第一节　国内外成功的继续教育项目案例分析

在全球范围内，不同国家的高等学历继续教育项目各具特色，它们根据各自的教育体系、社会需求和文化背景，发展出了多样化的教育模式。

一、欧洲

欧洲的继续教育同样具有多样性，许多大学都提供了针对成人学习者的课程和学位项目。例如，荷兰的代尔夫特理工大学（Delft University of Technology）为在职工程师提供了多种继续教育课程。其特色如下。

（一）行业紧密结合

欧洲的继续教育项目通常与行业需求紧密结合，课程内容注重实用性和应用性，帮助学习者提升职业技能。

（二）国际化的课程设计

许多欧洲大学的继续教育课程都具有国际化特色，不仅吸引了本地学习者，也吸引了国际学生。

（三）灵活的学习安排

欧洲的继续教育项目通常提供灵活的学习安排，学习者可以根据自己的工作和生活安排选择最合适的学习时间和进度。

此外，英国的开放大学（The Open University，OU）是全球远程教育的先驱之一。OU成立于1969年，致力于为成人学习者提供灵活的学习途径，特别是那些无法参加传统大学课程的人。其特色体现在：

1. 灵活的学习模式：OU提供完全在线和混合模式的学习方式，学习者可以根据自己的时间和地点选择最合适的学习形式。这种灵活性使得在职人员、家庭主妇/主夫以及其他有特殊需求的学习者都能够接受高等教育。

2. 丰富的在线资源：OU拥有大量的在线课程资源，包括视频讲座、互动式学习材料、模拟实验等。这些资源不仅覆盖了广泛的学科领域，而且设计得既易于理解又具有互动性，极大地提高了学习者的学习体验和效果。

3. 强大的支持服务：OU为学习者提供了全面的支持服务，包括学术指导、技术支持和心理辅导等。这些服务确保了学习者在遇到学习困难或个人问题时能够得到及时的帮助，从而顺利完成学业。

二、美国

美国的在线教育发展迅速，许多知名大学都开设了在线课程和学位项目。例如，斯坦福大学（Stanford University）的在线学习平台Coursera提供了多种课程和专项课程，吸引了全球的学习者。其特色体现如下：

（一）多样化的课程选择

美国大学的在线课程涵盖了从人文科学到工程技术等多个领域，学习者可以根据自己的兴趣和职业目标选择课程。

（二）高质量的教学资源

美国大学的在线课程通常由知名教授授课，课程内容严谨、深入，同时结合了最新的研究成果和行业动态。

（三）国际化的学习环境

美国大学的在线课程吸引了来自世界各地的学习者，学习者可以在课程论坛上与来自不同文化背景的同学交流和合作，拓宽了国际视野。

三、日本

日本的继续教育同样注重实用性和质量。例如，早稻田大学（Waseda University）提供了多种面向成人学习者的课程和学位项目，包括夜间和周末课程，以满足在职人员的学习需求。其特色体现如下。

（一）注重实践能力培养

日本的继续教育项目强调实践能力的培养，课程中通常包含实验、实习和项目研究等环节。

（二）多样化的学习形式

日本的大学提供了多种学习形式，包括全日制、兼职、远程教育等，以适应不同学习者的需求。

（三）终身学习的理念

日本的继续教育体现了终身学习的理念，鼓励个人在整个职业生涯中不断学习和提升自己。

四、中国

中国的高等学历继续教育项目在近年来得到了迅速发展，各大高校纷纷推出了面向成人学习者的课程和学位项目，以满足社会对终身学习的需求。以下是一些中国大学在高等学历继续教育领域的具体案例。

（一）北京大学

北京大学作为中国顶尖的高等学府之一，其继续教育项目同样享有盛誉。北京大学继续教育部提供了多种课程，包括管理、经济、法律等多个领域，旨在帮助在职人员提升专业技能和管理能力。其特色主要体现在：

1. 课程设置：北京大学的继续教育课程注重理论与实践相结合，提供了丰富的案例分析和实际操作机会，以适应职场需求。

2. 学位教育：北京大学还提供了成人高等教育本科和研究生学位项目，通过夜校、函授和网络教育等多种形式，满足不同学习者的需求。

（二）清华大学

清华大学继续教育学院是中国继续教育领域的重要基地之一。该院提供了包括工程、管理、艺术设计等多个方向的继续教育课程。其特色主要体现在：

1. 特色项目：清华大学的继续教育项目特别强调创新和实践，例如，其工程管理硕士项目就结合了最新的工程技术和管理理论，培养复合型人才。

2. 国际合作：清华大学还与多所国际知名大学合作，提供双学位项目，增强学生的国际竞争力。

（三）复旦大学

复旦大学继续教育学院提供了一系列的课程和学位项目，特别是在经济、金融和管理等领域。其特色主要体现在：

1. 课程内容：复旦大学的继续教育课程内容紧跟时代发展，如互联网金融、大数据分析等新兴领域的课程，帮助学习者掌握前沿知识。

2. 学习方式：复旦大学提供了灵活的学习方式，包括线上学习和线下集中授课，以适应不同学习者的工作和生活安排。

（四）浙江大学

浙江大学继续教育学院以其强大的工程和技术背景而闻名，提供了多种技术类和管理类的继续教育课程。其特色主要体现在：

1. 实践教学：浙江大学的继续教育项目特别强调实践教学，通过实验室实践、企业实习等方式，提升学习者的专业技能。

2. 远程教育：浙江大学还利用其在远程教育方面的优势，为偏远地区和无法到校学习的学习者提供在线课程和学位项目。

（五）武汉大学

武汉大学继续教育学院提供了包括法学、医学、工程等多个领域的继续教育课程。其特色主要体现在：

1. 专业认证：武汉大学的某些继续教育项目还提供了专业认证，如法律职业资格培训，帮助学习者提升职业资格和就业竞争力。

2. 文化教育：武汉大学还注重文化教育，提供了中国传统文化、历史等课程，满足学习者的文化需求。

通过上述案例，我们可以看到不同国家的高等学历继续教育项目在课程设计、教学资源、学习支持服务等方面都有其独特之处。其中，中国高校的高等学历继续教育项目在课程设置、教学方式、国际合作等方面都展现出了多样化和创新性，旨在满足不同学习者的需求，促进终身学习和社会人才的持续发展。这些成功的实践为全球继续教育的发展提供了宝贵的经验和启示。

第二节 "需求 质量 特色"三元结构实施的实例

一、需求导向篇

案例一：服务型产业优势地区的高职院校 《写作与沟通》课程体系建设研究

案例背景：

随着社会经济的快速发展，服务型产业在各省市地区迅速崛起，成为推动地方经济增长的重要力量。服务型产业对人才的综合素质提出了更高的要求，不仅需要专业技能，更强调人文素养和沟通能力。在此背景下，A学院作为服务型产业优势地区的高职院校，针对《写作与沟通》课程体系进行了深入研究和改革，旨在培养适应社会需求的高素质人才。

实施过程：

1. 确立课程目标

A学院首先明确了《写作与沟通》课程的目标，即以人文教育为主，技能培养为辅。这一目标的设定基于对高职教育特点的深入理解，强调文学课程在提升学生人文素养方面的重要作用。

2. 确立课程内容

课程内容的设置围绕课程目标展开，考虑到大学生的特点、高职教育的特性、学生的实际水平和语文学科的特点，项目组选择了适合高职学生的教材内容，注重基础性与人文性的结合。

3. 改革教学理念

项目组倡导改变传统的教学理念，强调写作与沟通课程不仅仅是知识传授，更是文化素养的培养。通过改变教师的教学行为和学生的学习方式，促进教学模式的改革。

4. 实施教学改革

A学院实施了一系列教学改革措施，包括更新教学方法、拓展教学思路、丰富教学内容等，鼓励学生积极参与，形成了一定的系部文化基础。

5. 课程体系建设

通过调查研究和服务型企业的交流，项目组逐步构建了适合服务型产业优势地区的高职院校《写作与沟通》课程体系，编写了适用于该体系的教材，并在全校范围内推广。

实际效果与成效：

1. 提升学生素养

改革后的《写作与沟通》课程有效提升了学生的语文素养和人文素质，为学生未来的工作和生活提供了基本的、综合的素质。

2. 增强校园文化氛围

《写作与沟通》课程的改革增加了学院的文化氛围，为学院"校园文化"的建设提供了文化和人文基础。

3. 形成特色课程

《写作与沟通》成为校级乃至市级省级的精品课程，形成了具有特色的课程体系。

评价与认识：

《写作与沟通》课程体系建设的研究和改革坚持了"文化基础，人文涵养"的方向，与校园文化的建设相结合，突出了服务型产业优势地区的特色，与企业文化的建设相结合。通过这次改革，A学院的《写作与沟通》课程体系更加成熟，更好地服务于学生和社会的需求。

通过这一案例，我们可以看到高职院校在课程体系建设方面的创新和努力，以及教学改革对于提升学生综合素质、增强校园文化氛围的重要作用。这一案例为其他高职院校提供了宝贵的经验和启示，对于推动我国高职教育的发展具有重要意义。

案例二：继续教育产学研联动与区域发展研究

案例背景：

随着中国经济的快速发展，特别是工业化和城市化的加速推进，对于高素质技术技能型人才的需求日益增长。在此背景下，继续教育作为培养应用型人才的重要途径，其与区域经济发展的紧密联系和互动作用日益凸显。B学院作为全国首批重点建设的高职院校之一，承担着为区域经济发展输送大量技术技能型人才的重要任务。然而，高等学历继续教育在快速发展的同时，也面临着教育质量、产教融合、校企合作等方面的问题和挑战。为此，B学院提出了"继续教育产学研联动与区域发展研究"项目，旨在探索继续教育与区域经济协同发展的有效模式，提升教育质量，促进区域经济社会的可持续发展。

实施过程：

1. 确立研究方向和目标

B学院首先明确了继续教育的方向和目标，即通过实证性研究方法，深入探讨继续教育与区域发展的内在动因、外部条件、运行模式及其相关优势，创新院校体制与机制，探寻新的办学模式，推动继续教育与区域发展的良性循环。

2. 收集资料和进行调查研究

B学院通过收集国内外关于高等学历继续教育的政策举措、成功模式等资料，并结合该学院的实际情况，进行了深入的调查研究。调查研究包括对地方政府教育管理部门、教育工作者、社会对高等学历继续教育观念的问卷调查，以及对本学院继续教育基本情况及其存在的主要困难的调查与分析。

3. 构建理论框架和实践模式

在收集资料和调查研究的基础上，B学院构建了高等学历继续教育与区域联动的理论框架，并探索了"基地、教学、科研、招生、就业"五位一体的办学模式。同时，形成了"教研结合模式""订单培养模式"等行之有效的子模式。

4. 实施和评估改革

B学院实施了相关的教学改革措施，并通过不断地评估和调整，优化了高等学历继续教育与区域联动的模式。改革措施包括加强校企合作、改进教学方法、更新教学内容、完善评价体系等。

实际效果与成效：

通过项目的实施，B学院在高等学历继续教育与区域联动方面取得了显著的成效。首先，学院与企业的合作关系更加紧密，校企合作的深度和广度都有了显著提升。其次，教学改革提高了学生的实践能力和就业竞争力，学生的综合素质得到了全面提升。再次，学院的办学水平和社会影响力显著提升，为区域经济发展输送了大量高素质技术技能型人才。最后，项目成果的推广和应用，对其他继续教育院校的教学改革提供了借鉴和参考，促进了继续教育的整体发展。

评价与认识：

B学院的"继续教育产学研联动与区域发展研究"项目不仅解决了继续教育发展中的一些实际问题，而且为继续教育与区域经济的协同发展提供了新的思路和模式。通过这一案例的成功实施，我们可以看到继续教育与区域经济社会发展联动的重要性和可行性，该案例也为构建具有中国特色的高等学历继续教育模式提供了重要参考。

案例三：基于工学结合与校企合作的继续教育课程改革实践

案例背景：

在当前经济全球化和技术快速发展的背景下，对于高素质技术技能型人才的需求日益增长。Z省作为中国经济发展的重要区域，对于高技能人才的培养提出了更高的要求。C学院作为一所专注于培养应用型人才的院校，积极响应教育部关于继续教育改革的号召，提出了"基于工学结合与校企合作的继续教育课程改革实践"项目。该项目旨在通过改革继续教育课程体系，加强与企业的合作，培养学生的职业技能和创新能力，以更好地适应社会和企业的需求。

实施过程：

1. 确立改革目标和内容

C学院明确了课程改革的总目标是探索培养"技能型创新人才"的课程教学体系。改革内容包括教学团队建设、课程教学目标设置、课程教学服务于专业的方向、课程教学内容重构、课程教学流程设计以及校企合作平台的打造。

2. 组建教师团队

C学院组建了由教授、研究员等多位正高级职称教师牵头的教师团队，成员包括工学博士、教育学硕士以及一线中青年教师，确保项目在教育理论支撑下开展，并获得具有实践价值的成果。

3. 开展调研和实践

C学院通过深入调研，收集了有关人士对项目的具体意见，并结合学院实际，推进教学团队、课程目标、教学内容等方面的改革实践。

4. 校企合作

C学院与阿里巴巴等大型企业建立了合作关系，共同开发课程，为学生提供实习实训机会。

5. 课程改革实施

C学院根据职业能力适应职业需求的课程教学计划（CAP）进行课程设计，创设真实（仿真）的职业环境，实现教学与实践的紧密结合。

实际效果与成效：

通过项目的实施，C学院在高等学历继续教育课程改革方面取得了显著成效。首先，教学团队的建设得到了加强，教师队伍更加专业化、实践化。其次，课程教学目标更加明确，与企业需求更加吻合。再次，课程教学内容和流程的重构，使得学生能够在真实的职业环境中学习和实践，提高了学生的职业技能和创新能力。最后，校企合作平台的建立，为学生提供了更多接触实际工作的机会，增强了学生的就业竞争力。

评价与认识：

C学院实施的"基于工学结合与校企合作的继续教育课程改革实践"项目加强了院校与企业的合作，推动继续教育与区域经济社会发展的深度融合。通过这一案例，可以看到继续教育与区域经济社会联动发展是一个长期、复杂的过程，需要不断地探索和创新，以适应经济社会发展的新要求。

二、质量保证篇

案例四：继续教育教学团队评价体系构建的研究与实践

案例背景：

随着继续教育的快速发展，专业教学团队的建设成为提升高等学历继续教育质量的关键。D学院作为省内承担高等学历继续教育任务的重要院校，面临着如何构建一个有效的专业教学团队评价体系的挑战。为了更好地激励教师团队，提高继续教育教学质量，满足社会对高技能人才的需求，学院提出了"继续教育专业教学团队评价体系构建的研究与实践"项目。该项目旨在通过评价体系的构建和实施，促进教学团队的建设，提升教学水平，确保继续教育教学质量的不断提高。

实施过程：

1. 确立研究实践目标和内容

D学院明确了构建继续教育专业教学团队评价体系的目标，并确定了开展研究实践的具体内容，包括教学团队的特征研究、建设过程的动态监控与绩效考核、评价体系的构建等。

2. 组建项目团队

团队由正高级职称教师牵头，成员包括来自本校及本地区承担高等学历继续教育任务院校的专家和一线教师。

3. 开展调研和实践

D学院通过文献调研、问卷调查、专家访谈等方法，收集了大量关于专业教学团队建设的数据和信息，并在本学院及合作院校进行了实证研究。

4. 评价体系构建

D学院基于收集的数据和信息，构建了专业教学团队的评价体系，包括评价原则、评价指标、评价模型、评价组织实施和评价结果应用等。

实际效果与成效：

通过项目的实施，D学院在专业教学团队评价体系构建方面取得了显著成效。首先，教学团队的建设目标更加明确，团队成员的角色和职责得到了合理划分。其次，教学团队的动态监控和绩效考核机制得到了建立，有效地激励了教师团队的积极性。再次，评价体系的实施，为教学团队的持续改进提供了科学依据，促进了教学质量的提升。最后，通过评价结果的应用，学院对教学团队的建设和持续改进提出了合理建议，为学院的专业建设和改革提供了有力支撑。

评价与认识：

D学院开展的"继续教育专业教学团队评价体系构建的研究与实践"研究项目的成功实施，证明了评价体系对于提升教学团队建设水平的重要性和可行性，为构建具有高职教育特色的专业教学团队评价体系提供了有力支撑。通过这一案例，可以看到评价体系的构建是推动继续教育质量持续提升的重要保障，同时，评价体系的构建也是一个动态的过程，需要不断地探索和创新，以适应教育发展的新要求。

案例五：基于工学结合的继续教育教学质量常态化管理改革实践

案例背景：

随着中国高等学历继续教育的快速发展，对于提升教育质量和培养符合市场需求的高素质技术技能型人才的需求日益增长。E学院作为地方高职院校，积极推进"工学结合"的人才培养模式，以更好地适应社会和企业的需求。在此背景下，学院提出了"基于'工学结合'的高等学历继续教育教学质量常态化管理改革实践"项目，旨在通过改革教学质量管理，加强与企业的合作，提高教学质量，确保教育教学质量的不断提高。

实施过程：

1. 确立改革目标和内容

E学院明确了改革的目标，即建立全过程、全方位、全员性、开放型的常态化教学质量管理新体系，并形成自我发展、自我评价、自我约束的教学质量保证体系。

2. 组建项目团队

教师团队由正高级职称教师牵头，成员包括E学院的教师以及合作企业的负责人，确保了项目的实施具有理论与实践相结合的优势。

3. 开展调研和实践

E学院通过调研国内外"工学结合"背景下的教学质量管理制度建设

现状，收集了大量有关教学质量管理的信息和经验，并在 E 学院进行了实证研究。

4. 制度建设

E 学院建立了由学校、行业、企业共同参与的"工学结合"教学质量管理组织结构，即沿着"工学结合"人才培养模式改革的路径，及其所带动的专业、课程、实践教学基地、师资等教学基本建设的内在联系，形成学校、行业、企业共同参与、协同管理的立体化组织架构。设计了基于"工学结合"的教学质量管理流程，主要有：与"工学结合"人才培养模式相适应的学分制管理办法，如岗位工作经历学分认定细则、创业创新素质学分认定办法、学生岗位实习成绩评价规则等；与"工学结合"人才培养模式相适应的教师业绩评价办法，使教师工作的内涵与范畴能与改革相对接，并能形成系统的工作机制。如教师参与"工学结合，校企合作"的工作量计算与考核办法、教学岗位聘任实施细则、企业兼职教师管理办法等；与"工学结合"人才培养模式相适应的其他教学质量管理规章制度。如专业人才培养方案制订原则意见、专业建设指导委员会组建及工作规程、精品课程建设实施意见、教学督导工作规程、教学质量奖励条例等；同时，制定了运作规范和操作细则，例如：设计教学质量管理流程，制定运作规范和操作细则。把教学质量管理落实到每一个具体环节，实现教学质量管理的精细化，制定学校与学生、学校与企业、企业与学生之间关于岗位实习的责任协议等；设计企业工作现场管理流程，教师到学生工作现场的检查要求与考核标准、兼职教师对学生的记录评价标准等；并开发了教学质量管理标准，实现了教学质量管理的精细化，如以学生职业岗位能力培养为本位，改革教学质量的评价标准。如实践课教学评价标准、学生能力评价标准、毕业设计（论文）评价标准等。另外，依托"数据采集平台"，实现教学质量"量化"管理，在教学质量解决方案设计中将强化引用状态数据采集平台工作成果的意识，并补充开发适合我校特点的数据采集与管理软件，以充分发挥数据采集平台在统计汇总、管理监控、分析开发等方面的功能，从而将数据采集工作作为学校日常教学管理工作的内容予以规范管理，使之服务于教学改革，并真正服务于人才培养质量的提高。

实际效果与成效：

通过项目的实施，E学院在教学质量管理方面取得了显著成效。首先，建立了由学校、行业、企业共同参与的教学质量管理组织结构，实现了校企深度融合。其次，通过实践验证，项目组不断优化教学质量管理方案，提高了教学管理的效率和效果。再次，E学院开发的教学质量管理标准和流程得到了有效实施，确保了教学质量的持续提升。最后，通过"数据采集平台"，实现了教学质量的量化管理，为教学改革提供了有力的数据支持。

评价与认识：

E学院对"基于'工学结合'的继续教育教学质量常态化管理改革实践"项目的成功实施，证明了评价体系对于提升教学团队建设水平的重要性和可行性，为构建具有高职教育特色的专业教学团队评价体系提供了有力支撑。通过这一案例，可以看到评价体系的构建对深化高等学历继续教育教学改革，加强教学团队建设，推动继续教育质量的持续提升意义重大。

案例六：继续教育教学两级管理体制与运行机制研究

案例背景：

随着我国高等教育的快速发展，特别是继续教育的迅猛扩张，继续教育的教学管理体制和运行机制面临着重大的挑战和改革需求。F学院作为培养应用型技术人才的重要基地，认识到了教学管理体制和运行机制创新的重要性和迫切性。为此，学院提出了"继续教育教学两级管理体制与运行机制研究"项目，旨在通过深入研究和实践探索，建立与技能教育相适应的、能够培养学生创新精神和实践能力的教学管理新体系，推动学校整体教学改革的深入发展，提高人才培养质量。

实施过程：

1. 确立改革目标和内容

F学院明确了改革的目标是建立科学的继续教育教学管理体制和运行机制，提出了具体的改革内容，包括优化组织结构、调整管理重心、创新教学管理运行机制等。

2. 组建项目团队

团队由正高级职称教师牵头，团队成员包括F学院的教学管理骨干和专业研究生，确保了项目的实施具有理论与实践相结合的优势。

3. 开展调研和实践

F学院通过查阅文献、广泛调查论证、比较分析国内外院校的继续教育教学管理体制和运行机制，收集了大量有关信息和经验，并在F学院进行了实证研究。

4. 制度建设

F学院在理论研究和实践调研的基础上，提出了继续教育教学管理体制与运行机制创新的目标、思路和基本框架，并在学院内部逐步实践和总结。具体为：从教学管理创新的角度出发，从教学管理要素和各个环节内在联系入手，建立了与技能教育相适应，有利于培养学生创新精神和实践能力、能促进学校整体推进教学质量提升的继续教育教学管理体制、组织体系和运行机制。指出，在以系为主体，院、系二级教学管理体制中，院长和主管教学工作副院长全面领导教学管理和教学工作；教务处是教学管理职能部门和决策执行机构，是教学工作的发动机和动力源；系是教学管理实体，具体实施教学管理；教研室为教学基层组织，是学院教学工作和教学改革的支撑点。这一教学管理体制要实现转变，首先，要减少管理层次，扩大管理跨度，强化院、系两级教学指导委员会对教学工作的宏观指导、决策论证、咨询作用，将教学管理组织从单一控制的组织变成综合支持型组织，实施有效管理。其次，教学组织结构要从刚性转向柔性化，从等级分明、高度集权、机械式的组织结构模式转化为动态的有机结构模式，形成矩阵式网状结构，以及时对组织目标、机构设置、人员职责进行调整。再有，管理重心要合理下行，要确定系的教学管理主体地位，明确院、系二级教学管理组织的职责、权力、利益关系，理顺系与学院关系，进一步简政放权，实行目标管理，责任考核配套，以充分调动教师与教学管理人员的积极性，实现管理目标。

实际效果与成效：

F学院在教学管理体制和运行机制方面取得了显著的成效。首先，教学管理组织结构更加科学合理，管理层次减少，管理跨度扩大，提高了办事效率和办学效益。其次，系部的教学管理主体地位得到明确，院系两级的责权利关系得到理顺，实现了目标管理、责任考核的配套。再次，教学质量监控和评价体系得到建立和健全，教学管理方式向目标型转变，手段向多样化、网络化转变。最后，教学管理运行机制的创新有效调动了教师和学生的积极性，突出了学生的主体作用和教师的主导作用，促进了学生创新精神和实践能力的培养。

评价与认识：

F学院的"继续教育教学两级管理体制与运行机制研究"项目为继续教育的教学管理提供了新的理论指导和实践模式。项目的成功实施，证明了教学管理体制和运行机制创新对于提升高职院校教学水平的重要性和可行性，为构建具有高职教育特色的教学管理体系提供了有力支撑。这一案例丰富了继续教育教学管理的理论，也是对继续教育教学管理体制和运行机制创新的有益探索和实践，其实践经历可为教育主管部门加强和改进对继续教育教学工作的指导提供决策的参考依据。

三、特色项目篇

案例七：以"需求 质量 特色"三元结构为抓手打造继续教育人才培养生态模式

案例背景：

随着社会主义市场经济的发展和高等教育大众化时代的到来，高校继续教育面临着新的挑战和机遇。继续教育作为普通高等教育的重要组成部分，是建设学习型社会和终身教育体系的重要途径。然而，随着社会总体环境的变化，高校继续教育发展显出疲态，亟须改革与创新。在此背景下，G大学提出了"以'需求 质量 特色'三元结构为抓手打造继续教育人才培养生态模式"的项目，旨在解决继续教育中存在的问题，提高人才培养质量，促进继续教育的可持续发展。

实施过程：

1. 顶层设计

项目组首先加强了顶层设计，通过召开研讨会，转变思想，达成共识，确立了发展方向。明确了继续教育的科学发展观，坚持优化结构、稳定规模、注重创新、强化特色，走以质量提升为核心的内涵式发展道路。

2. 人才培养方案

根据教育对象的特点，项目组设计了"综合+应用+接轨"型培养方案，并每年进行专家论证。这一方案突破了单一课程体系，强调学生的学习能力培养和思维方式方法训练，删减实用性不强的课程内容，增加实用性课程内容，并与社会职业证书考试内容接轨。

3. 市场运作机制

项目组成立了继续教育市场调研部，面向市场动态调研，即时反馈，及时、灵活调整办学组织运作和质量管理。形成了"团队管理—市场运作—项目核算—绩效考核"的运作机制。

4. 教学质量保障

项目组重点打造了"三支专业化队伍"，即专业化管理队伍、教师队伍、研究队伍，强化队伍素质建设。同时，依托工业基地建立实践基地，强化实践教学，并建立质量保障体系，强化规范化管理。

5. 学生工作创新

项目组设立了主管学生工作的副院长岗位，成立院团委和学生工作办公室，下设学生自我管理机构——院学生会。创新了学生工作模式，加强了学风建设，增强了学生的学校归属感。

实际效果与成效：

项目的实施取得了显著的效果。招生、录取工作全省名列前茅，招生生源稳定，上线率平均达到120%。人才培养质量逐年提高，本科学生授位率平均稳定在38%。在省教育厅成人高等教育教学工作水平评估工作中，总分超过百分，取得优秀结果。建立了国家级、省级实践教育基地，与多家政府、企业单位建立了培训基地。教育教学质量明显提高，为社会发展输送了大批高质量人才。出版的继续教育类教材发行量超过6万册，承担了多项省级和校级课题，发表了多篇研究论文。

评价与认识：

G大学实施的"以'需求 质量 特色'三元结构为抓手打造继续教育人才培养生态模式"项目，经过一系列的改革实践，取得了显著的成效和宝贵的经验。项目的成功不仅在于其创新的理念和系统的设计，更在于其对继续教育本质的深刻理解和对市场需求的准确把握。这一案例的核心创新在于构建了一个以需求为导向、以质量为核心、以特色为突破口的人才培养新模式。通过"综合+应用+接轨"型培养方案，项目组成功地将理论与实践相结合，提高了教育的针对性和实用性。此外，通过建立专业化队伍和质量保障体系，确保了教学质量的持续提升。该案例通过与企业的紧密合作，为社会输送了大量高素质的专业技术人才，满足了市场的需求，促进了地区经济的发展。同时，在教育模式上的创新为高等学历继续教育提供了可借鉴的经验，推动了继续教育领域的整体进步。

总体而言，G大学的案例是对继续教育领域的一次有益探索和成功实践。它不仅提升了学校的教育教学水平，也为学习型社会的建设做出了积极贡献。项目的成功实施证明了继续教育在促进个人发展和满足社会需求方面具有不可替代的作用，同时也展示了高校在教育改革和创新方面的巨大潜力。

案例八："双一流"视域下高等学历继续教育人才培养质量提升与创新发展路径探析

案例背景：

"双一流"建设是我国实现高等教育强国和人力资源强国战略的必然选择和重要举措。2015年10月，国务院颁布了《统筹推进世界一流大学和一流学科建设总体方案》揭开了"双一流"建设序幕，具有重大意义。2017年1月，教育部、财政部、国家发展改革委印发了《统筹推进世界一流大学和一流学科建设实施办法（暂行）》，揭示着"双一流"建设进入实质操作阶段，各地方政府结合本地实际也陆续出台了"双一流"相关建设方案和建设计划。

在"双一流"建设背景下，2017年12月，教育部党组颁布了《高校思想政治工作质量提升工程实施纲要》提出构建育人十大质量提升体系等，是提升高校思想政治工作质量的顶层设计。2018年8月，教育部、财政部、国家发展改革委制定了《关于高等学校加快"双一流"建设的指导意见》，进一步对引导学生成长成才等制定了明确的实现全过程全方位育人等指导意见。不断提升人才培养质量是"双一流"建设内容的重要组成部分，也是评价"双一流"建设成效的首要标准。高等学历继续教育作为高等教育跨越式发展的重要组成部分正迎来一个前所未有的大发展局面。围绕提升继续教育人才培养质量，如何实现学员管理工作的内涵发展、质量提升，是当前面临的紧迫性、现实性和共同性问题。H大学针对这些问题开展了针对性的分析研究工作，在理论和实践上实现了创新和突破。

实施过程：

1. 研究内容与分析框架

2010 年国家发布了《国家中长期教育改革和发展规划纲要（2010—2020年）》，各地方政府也随后发布了本省市的纲要（部分地方政府纲要情况见表1），各纲要中均对成人教育发展提出了要求。2015年国家颁布了"双一流"建设方案，在国家"双一流"框架下，各地方政府的"双一流"建设行动对提升人才培养质量将起到不可估量的重要作用，截至2018年3月已有29个地方政府公布了建设方案（见表2）。在已有的研究中也多以国家和地方"双一流"建设方案、计划为背景，其中安哲峰等总结了学员管理工作内涵及特征的新变化，并提出了"双一流"背景下管理工作改革的新路径。徐璐重点从理论路线方面总结"双一流"建设背景下学院管理工作特点，并提出工作质量提升建议。本文在上述研究的基础上，以成人学员管理工作质量提升与创新发展为研究内容，建立工作理论研究体系创新、专业化工作队伍建设、一流的教育管理和服务保障的分析框架。通过对框架内要素分析，为"双一流"背景下成人高等教育工作内涵发展、质量提升提供借鉴。

表1 部分地方"纲要"汇总表

序号	省份	教育改革和发展规划名称	继续教育主题词
1	上海	上海市中长期教育改革和发展规划纲要（2010—2020年）	√
2	广东	广东省中长期教育改革和发展规划纲要（2010—2020）	√
3	浙江	浙江省中长期教育改革和发展规划纲要（2010—2020年）	√
4	河南	河南省中长期教育改革和发展规划纲要（2010—2020年）	√
5	贵州	贵州省中长期教育改革和发展规划纲要（2010—2020年）	√
6	山东	山东省中长期教育改革和发展规划纲要（2011—2020年）	√
7	辽宁	辽宁省中长期教育改革和发展规划纲要（2010—2020年）	√
8	吉林	吉林省中长期教育改革和发展规划纲要（2010—2020年）	√
9	黑龙江	黑龙江省中长期教育改革和发展规划纲要（2010—2020年）	√

表2 地方"双一流"建设方案汇总表

序号	省份	方案名称	继续培养主题词
1	上海	上海高等学校学科发展与优化布局规划（2014—2020年）	√
2	广东	广东省高水平大学建设实施方案	√
3	浙江	浙江省教育厅关于开展省一流学科遴选工作的通知	√
4	河南	河南省优势特色学科建设工程实施方案	√
5	贵州	关于大力推进区域内一流大学和一流学科建设的实施意见	√
6	内蒙古	统筹推进国内和世界一流大学一流学科建设总体方案	√
7	河北	关于统筹推进一流大学和一流学科建设的意见	√
8	江苏	江苏高水平大学建设方案	√
9	甘肃	统筹推进高水平大学和一流学科建设实施方案	√

续表

序号	省份	方案名称	继续培养主题词
10	陕西	关于建设"一流大学、一流学科，一流学院、一流专业"的实施意见	√
11	新疆	新疆维吾尔自治区"十三五"重点学科建设方案	√
12	云南	云南省一流学科建设实施方案	√
13	山东	推进一流大学和一流学科建设方案	√
14	宁夏	自治区西部一流大学和一流学科建设方案	√
15	湖北	关于推进一流大学和一流学科建设的实施意见	√
16	安徽	一流学科专业与高水平大学建设五年行动计划	√
17	辽宁	辽宁省统筹推进世界一流大学和一流学科建设实施方案	√
18	海南	统筹推进高水平大学和一流学科建设实施方案的通知	√
19	湖南	湖南省全面推进一流大学与一流学科建设实施方案	√
20	山西	关于实施"1331工程"统筹推进"双一流"建设的意见	√
21	青海	关于加快推进一流学科建设的指导意见	√
22	福建	关于建设一流大学和一流学科的实施意见	√
23	重庆	重庆市人民政府关于加快高校特色发展推进一流大学和一流学科建设的实施意见	√
24	江西	江西省人民政府关于印发江西省有特色高水平大学和一流学科专业建设实施方案的通知	√
25	广西	广西壮族自治区人民政府关于印发统筹推进一流大学和一流学科建设实施方案的通知	√
26	吉林	吉林省人民政府关于印发吉林省统筹推进高水平大学和高水平学科专业建设实施方案的通知	√
27	天津	天津市推进一流大学和一流学科建设实施方案	√

序号	省份	方案名称	继续培养主题词
28	黑龙江	黑龙江省人民政府关于印发黑龙江省统筹推进高水平大学和优势特色学科建设实施方案的通知	√
29	四川	四川省人民政府关于统筹推进一流大学和一流学科建设的实施意见	√

2. 框架要素分析

按照三大框架，对框架内涵盖要素进行分析，发现高等学校继续教育工作特征，同时发现在"双一流"背景下学员管理工作面临着一些挑战。

在学员管理工作理论研究体系创新方面：高等学历继续教育学员管理工作涉及学员日常管理、学员安全、思想政治教育、学业指导、党建、心理健康教育、科技教育、社团等，其中既有侧重管理和教育的工作，也有侧重指导和服务的工作，都是人才培养过程的重要环节和组成部分。在"双一流"建设中，需要学员管理工作与时俱进地做出创新以期适应提升人才培养质量需要。首先要求学员管理工作与学科人才培养目标相结合，开展的工作要有学科倾向性，包含学科理论性、指导性、服务性等多方面内容，充分体现学科特点。其次要面向"双一流"创新学员管理工作文化，一流的学员管理工作文化要体现出不忘初心，致力于人才培养的人本文化和能够与时俱进为学员管理工作提供不竭动力的创新文化等。再者要在领会全国思政会议精神基础上，认真探索学员管理工作规律，以习近平总书记强调思政工作要因事而化、因时而进、因势而新为指导，完善工作体系，加强体系合力。体系制定的合理性和科学性，为学员管理工作实施的有效性带来挑战。

在专业化学员管理工作队伍建设方面：学生工作队伍是学生工作的骨干力量，其中辅导员队伍构成了学生工作的支柱，是学生日常思想政治教育和管理工作的组织者、实施者和指导者。辅导员队伍的自身建设水平和师表作用的发挥将直接关系到人才培养目标的实现。从现状来说，辅导员队伍平均年龄低、岗位交替周期短，工作压力繁重、重复率高且效能低。大多辅导员缺乏工作对象的学科背景和专业技能，不能深刻了解不同学科学生的发展规律，势必导致工作内容缺失，一定程度上影响人才培养目标的实现。

在一流的教育管理和服务保障方面："以学生为根、以育人为本"是高校学生工作的出发点，在教育管理和服务保障中要形成一个共识，即应始终遵循学生成长、成才规律，回归到大学教育定位本身，平心静气地落实立德树人根本任务，不断提升人才培养工作的质量和水平。要认识到一流的教育管理和服务保障，尤其是精美的工作环境、精致的工作项目和精细的工作服务对一流学生培养和一流学生工作的重要性。因此，如何在"双一流"建设全过程中创新学生工作教育管理和服务保障模式面临挑战。

3. 人才培养质量与学员管理工作质量的内生逻辑

通过上述分析可见，中央和各地政府都高度重视"双一流"建设，并把全面提升人才培养质量作为建设的重点任务，但在如何以学员管理工作为抓手，提高人才培养质量，落实培养目标上仍面临着一些挑战。下面围绕提升"双一流"建设背景下学员管理工作质量提出几点思考。

在立足人才培养，科学构建学生工作体系方面：学员管理工作体系的深入完善是学员管理工作质量提升的重要体现。各级"双一流"建设方案、计划均在文本层面上落实"人才培养"有关精神，重视引导人才养体系建设，但追溯到政策执行层面，并没有细化方案和保障措施支持，政策支持和实施过程对高校学员管理工作体系建设的内生动力重视也不足。鉴于此，一是建议各级政府进一步增加人才培养政策的配套制度供给，为高校学员管理工作体系建设提供支持，从高校辅导员引育、学术研究、职称评审、职务晋升、学历提升、轮岗交流等方面给予政策红利，使高校学员管理工作体系建设有据可依，促进自觉创新和自主发展。二是科学构建学员管理工作考核体系。客观评价从立足日常工作材料评价、引入第三方评价、学科倾向评价三个维度对考核结果赋值，运用技术手段得到科学结论。主观评价从外部显性评价和内在隐性评价两个维度考虑，外部显性评价要注重学员管理工作规律，树立在学员获省级以上的各类竞赛竞技奖项情况等关键显性指标上有所突破，内在隐性评价注重学员文化精神和内在品质的培育。

在优化队伍结构，形成多路线引育格局方面：优秀学员管理工作队伍的成长发展是有规律可循的，该规律可以从优秀学员管理工作者成长的主观内因和客观外因、教育对象和环境的变化、工作目标管理等三方面探寻。学员管理工作除顺应规律外，在队伍结构建设上需加强顶层设计规划，构建引育结合可持续发展布局。一是高规格培养，提升队伍能力。学员管理工作队伍自身能力直接关系到人才培养目标的实现。"双一流"背景下的能力提升可从三方面着手，首先是培训学科专业背景及相关学科专业知识，帮助辅导员掌握学员成长发展规律。其次，选拔推荐优秀辅导员学科专业内学历提升，在改善辅导员队伍学历结构基础上有效推进学科专业化发展。然后，积极推进辅导员国内外业际交流，以"走出去、请进来"的策略，通过交流学习促进学生工作能力提升。二是加强班导师队伍建设，本质上实现班导师制度从"有限补充"到"积极作用"转变。班导师完成了系统的学术锻炼，积累了丰富的学术素养，亲身经历了本学科专业人才培养的全过程，提升班导师站位更加有利于实现"双一流"人才培养工作愿景。三是高起点准入，进一步提升队伍学历层次。"双一流"背景下以博士为基础构建学员管理工作队伍有较强的现实意义，选聘博士担任辅导员也是为了满足"双一流"发展和创新人才培养的迫切要求。

在加强自身建设，贴近学生精致服务方面：学员管理工作的时代特征越来越强，教育对象、教育环境、教育目标变化节奏也越来越快，新机遇、新问题、新矛盾层出不穷，这就要求学生工作干部要守住初心，做到多学习、多积累，要有广博的文化知识和精深的专业知识，为开展好工作提供坚实保障；做到修品德、修身心，树立坚定的理想信念；做到大格局、大视野，切实听从组织安排，弘扬正能量，传播好风气；做到有激情、有爱心，时刻充满活力，不断创新工作思路和方法；做到经得起风雨、经得住磨炼，实实在在地成长成才；做到接民意、接地气，突出工作实效，实际工作中不断努力，精益求精，培育一流人才，创造一流业绩。

在以学生为本，构建管理服务新模式方面："双一流"背景下，落实以人为本的科学发展观，树立"以生为本"的育人导向，坚持走以人才培养质量提升为核心的内涵式发展道路，已成为高等院校加快"双一流"建设的重要指导思想，这就要求学员管理工作在管理和服务上不断与时俱进、开拓创新。一是积极提倡"交流式""互动式"的管理服务方式，增强师生间的相互了解。二是坚持"兼容并包，有教无类"的教育理念开展学员管理服务工作，促进学员文明生活、健康成才服务要有的放矢，要紧密结合学生学科背景，结合学员成长发展实际，结合社会人才需求实际，切实通过一流的管理服务大幅度提高学生受益面。

4. 人才培养质量提升与创新发展的实践路径

在"双一流"建设背景下，提升高等学历继续教育人才培养质量，实现创新发展涉及办学治校各领域、教育教学各环节、人才培养各方面的育人资源和育人力量。要始终以立德树人为根本，以理想信念教育为核心，以社会主义核心价值观为引领，以全面提高人才培养能力为关键，完善协同育人机制，提升协同育人水平，构建内容完善、标准健全、运行科学、保障有力、成效显著的全员全过程全方位育人格局，着力培养担当民族复兴大任的时代新人。

在坚持育人导向,突出价值引领方面:坚持社会主义办学方向,学员管理工作紧盯立德树人根本任务,强化思想价值引领。统筹办学治校各领域、教育教学各环节、人才培养各方面的育人资源和育人力量,积极推动知识传授、能力培养与理想信念、价值理念、道德观念教育的有机结合,建立健全系统化育人长效机制,确保人才培养质量提升与创新发展的长效性。

在坚持问题导向,做到精准施策方面:遵循新时代教育发展规律,以问题为导向,在人才培养过程中秉承从产业中来到产业中去的指导思想,聚焦地方经济社会振兴的关键问题和瓶颈短板为切入点构建育人体系,通过高水平专业化学员管理队伍的建设来助力人才培养质量的提升,带动学员科研创新发展的提质增速,以优质人才服务地方经济社会建设,同时通过产学研合作促进成果转化,形成良性效益循环互动精准的链环式人才培养格局。

在拓宽教育视野,强化校企合作方面:遵循教书育人规律和学员成长规律,坚持以学员为中心,优化工作手段、改进工作方法、创新工作载体,以校企联盟为依托,聚焦产教科教双融合,促进校企深度合作,采取建立基地、互派教师、联合培养、定期交流等多种方式,形成多维协同建设模式,激发校内外教师、管理队伍与学员的创新活力。

在挖掘优势资源,完善培养体系方面:多渠道挖掘资源构建多维协同人才培养体系,做到向上延伸聚集高端学术咨询和资源,向下延伸瞄准地方产业转型升级重大需求,向内延伸到整合多专业资源培养专业集群创新人才,建立主辅结合、交融纵横、学校、专业集群、产业多维协同的高层次工程技术人才培养体系。

在坚持一体联动,强化督导落实方面:落实主体责任,建立学校党委统一领导、机关部门协同负责、二级单位具体落实、教职工全员参与的责任体系。建立工作责任制，加强督导考核，严肃追责问责，把"软指标"变成"硬约束"，系统化设计评价督导体系，突出人才培养、创新能力、服务贡献和影响力4项核心要素，为人才培养质量与创新发展提供评价依据。

实际效果与成效：

在"双一流"建设背景下，高等学历继续教育特色项目的实施取得了显著的成效。首先，项目通过深化教学改革，提升了成人教育的教学质量。这体现在课程内容的更新、教学方法的创新以及学习支持服务的完善上。通过引入行业专家和优秀企业家参与教学，课程更加贴近实际工作需求，增强了学习的实用性和前瞻性。同时，项目推动了在线教学平台和工具的开发，为在职人员提供了灵活便捷的学习途径，有效提升了学习效率和体验。其次，项目在人才培养方面取得了突出成果。通过特色项目的培养，学习者不仅更新了专业知识，还提升了解决实际问题的能力。毕业生在职场上展现出较强的竞争力和创新精神，为社会和企业的发展做出了积极贡献。此外，项目还促进了学习者个人职业发展，许多毕业生在所在行业取得了显著成就，成为行业领域的专业人才。

评价与认识：

通过这一案例可以看出，H大学这个案例项目的成功实施得到了学习者和社会的广泛认可。学习者满意度调查显示，大多数学习者对课程内容、教学方式和服务质量表示满意。社会评价也普遍认为，项目为在职人员提供了高质量的教育资源，有效缓解了人才供需矛盾，促进了社会经济发展。项目实施过程中，教师和管理人员的专业素养得到了提升。教师在教学中不断探索和实践新的教学理念和方法，提高了教学效果。管理人员通过项目实施，增强了服务意识和管理能力，为学习者提供了更加精准和高效的服务。项目的成功也为其他高校提供了宝贵的经验。通过分享和交流，项目中的创新做法和有效策略可以被其他教育机构借鉴和采纳，推动整个高等学历继续教育领域的改革与发展。综上，高等学历继续教育特色项目在"双一流"建设背景下的实施，不仅提升了教育质量，培养了高素质的专业人才，还促进了教育体系和社会经济的全面发展。项目的成功实施为继续教育的未来发展提供了新的思路和方向。

案例九：以学科交叉融合为特征的继续教育高层次人才培养体系构建研究

案例背景：

学科交叉融合是当前科学技术发展的大趋势，是新学科发展的动力源泉，是经济社会发展的内在动力，它不仅催生了交叉学科的诞生，而且为继续教育高层次创新型人才的培养提供了有效途径。

在此背景下，国务院学位委员会出台的《交叉学科设置与管理办法（试行）》为交叉学科的发展提供了政策支持和明确方向。面对"十四五"规划期间"双一流"建设中的新挑战，教育和科研机构需促进学科间的深度融合，加速知识生产方式和人才培养模式的创新。这要求高等学校深入研究探讨并解决交叉学科高层次人才培养体系构建中的实质性问题，包括明确交叉学科人才的培养目标、设计跨学科的课程体系、构建具有跨学科背景的教师队伍、建立跨学科的科研平台、建立科学的管理与评价机制、制定有效的政策支持与激励措施等。开展这些研究的核心目标是发挥一流学科的引领作用，聚焦优势学科，探索建立交叉学科人才培养范式，培养能够适应新时代社会发展需求的交叉复合型人才，满足市场对具有多学科知识和技能人才的迫切需求。

I大学通过该案例的分析研究，将为上述目标的实现提供坚实的理论基础和有效的实践指导，从而推动交叉学科人才培养工作高质量发展，为地方性大学乃至更广泛的教育领域提供一种新的交叉学科人才培养模式，以适应快速变化的社会和经济需求。

案例基础：

1. 交叉学科人才培养体系构建研究的理论基础

交叉学科的定义与特征：

交叉学科通常是指在两个或多个传统学科的边界上形成的新型学科领域。这种学科的形成往往是由于现实世界的问题复杂性超出了单一学科的解决能力，需要综合不同学科的理论和方法来进行更全面的研究和解决。其特征主要表现在：多学科性。交叉学科涉及多个学科的理论和方法，它不是简单叠加，而是在深度融合的基础上形成新的理论体系和研究方法。创新性。交叉学科的研究往往能够产生新的学术思想、新的技术方法，甚至是新的学科增长点。应用性。交叉学科的研究结果通常具有较强的应用价值，能够解决实际问题，如工程、环境科学等领域的复杂问题。动态性。随着科学技术的不断发展，新的交叉学科领域不断涌现，已有的交叉学科领域也在不断更新和扩展其研究范围和深度。

高层次人才的内涵与特点：

高层次人才通常指的是在某一领域或多个领域内具有深厚专业知识、能够进行创新性思考和实践、并具备领导和组织协调能力的人才。这些人才对于推动科学技术进步、促进社会经济发展具有重要作用。其特点主要表现在：专业深度。在特定学科领域内具有深入的专业知识和技能，能够进行高水平的学术研究和技术实践。创新能力。不仅具备专业知识，还能进行原创性思考，提出和实践新的观点、理论和方法。领导力。具有领导和协调团队的能力，能够在科研、教学或工程实践中带领团队实现目标。跨学科视野。能够跨越学科界限，运用多学科的知识和方法来解决复杂的综合性问题。

交叉学科与人才培养的关系：

交叉学科教育与人才培养之间存在密切的关系，具体表现在：互补性。交叉学科教育能够补充和拓展传统单一学科教育的内容，培养具备跨学科知识和技能的人才。适应性。交叉学科人才能够更好地适应社会和经济的快速发展，满足市场对复合型人才的需求。推动性。交叉学科人才在科技创新和产业发展中起到关键作用，能够推动新技术、新产品等开发。

通过交叉学科教育，可以培养出既有深厚专业知识又有广阔视野的高层次人才，这些人才将在未来的科学研究、技术开发和社会服务中发挥重要作用。

2. 交叉学科人才培养现状与问题

国内外交叉学科人才培养现状：通过梳理已有文献得出，各国的专家学者在交叉学科高层次人才培养体系构建方面已经开展了一些研究，但关注的重点不尽相同：美国、加拿大和英国，这些国家在交叉学科研究中更侧重于社会科学和人文科学；德国、法国和意大利，这些国家在交叉学科研究中在各学科领域相对均衡；中国在交叉学科研究中自然科学领域表现突出（文件的来源是英国高等教育拨款委员会和医学研究理事会、爱思唯尔发布的《基于引用计量方法的学科交叉研究评述》报告，发布时间为2015年7月）。

国际上，美国在交叉学科教育方面的一个显著例子是STEM教育体系，它将科学（Science）、技术（Technology）、工程（Engineering）和数学（Mathematics）四个领域整合在一起。这种教育模式不仅强调各学科知识的深度融合，而且鼓励学生通过实践和项目驱动的方式进行学习，从而培养他们的创新思维和解决实际问题的能力。美国政府和教育部门对STEM教育的重视反映在其政策和资金支持上，旨在通过这种教育模式培养未来的科学家、工程师和技术创新者，以应对快速变化的全球经济和科技发展需求。STEM教育的特点包括：①整合性。打破学科间的界限，促进知识的整合和应用。②实践性。通过实验室工作、项目设计和问题解决等活动，增强学生的实践经验。③创新性。鼓励学生进行创新思维和独立研究，以产生新的知识和技术解决方案。④跨学科性。课程设计往往涵盖多个学科领域，培养学生的跨学科视野。再如，欧洲的博洛尼亚进程是一个跨国教育合作计划，旨在整合欧洲高等教育体系，提高其在全球范围内的竞争力。该进程自1999年启动以来，已有多个欧洲国家参与，它推动了一系列教育改革，包括学位制度的标准化、学分转移系统的建立和教育质量保障机制的完善。博洛尼亚进程对交叉学科人才培养的影响体现在：①统一的教育空间。建立统一的高等教育区域，促进学生和教师的跨国流动。②学术合作。加强了不同国家和地区之间高校的合作，为交叉学科研究和教学提供了平台。③灵活性和多样性。鼓励各高校提供多样化的学习计划，包括跨学科课程和双学位项目。④质量保障。通过建立共同的质量保障标准和评估体系，提高教育质量。

　　中国在交叉学科人才培养方面也进行了一系列探索和实践，取得了一定的成果。在政策支持方面：中国政府高度重视交叉学科人才培养，出台了一系列政策文件，如《国家中长期教育改革和发展规划纲要（2010—2020年）》，明确提出要优化学科专业结构，促进多学科交叉融合。《授予博士、硕士学位和培养研究生的二级学科自主设置实施细则》，明确提出自主设置交叉学科的程序和办法。《交叉学科设置与管理办法（试行）》，进一步为交叉学科的发展提供了政策支持和明确方向。

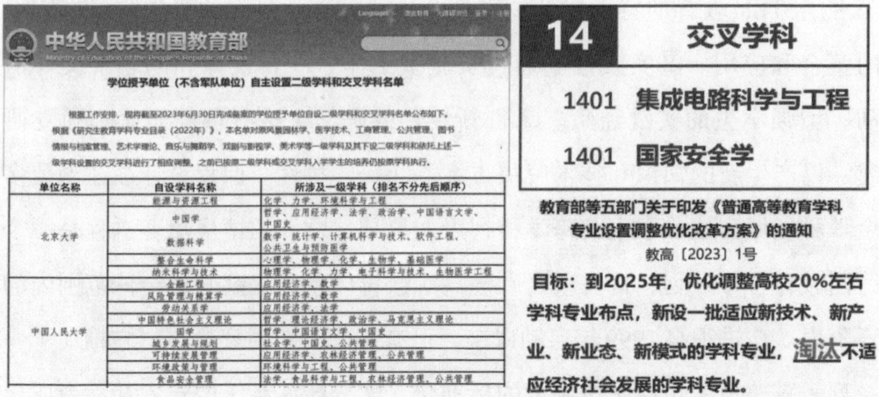

中华人民共和国教育部

学位授予单位（不含军队单位）自主设置二级学科和交叉学科名单

根据工作安排，现将截至2023年6月30日完成备案的学位授予单位自设二级学科和交叉学科名单公布如下。根据《研究生教育学科专业目录（2022年）》，本名单对原风景园林学、医学技术、工商管理、公共管理、图书情报与档案管理、艺术学理论、音乐与舞蹈学、戏剧与影视学、美术学等一级学科及其下设二级学科和依托上述一级学科设置的交叉学科进行了相应调整。之前已按原二级学科或交叉学科入学学生的培养仍按原学科执行。

单位名称	自设学科名称	所涉及一级学科（排名不分先后顺序）
北京大学	能源与资源工程	化学、力学、环境科学与工程
	中国学	哲学、应用经济学、法学、政治学、中国语言文学、中国史
	数据科学	数学、统计学、计算机科学与技术、软件工程、公共卫生与预防医学
	整合生命科学	心理学、物理学、化学、生物学、基础医学
	纳米科学与技术	物理学、化学、力学、电子科学与技术、生物医学工程
中国人民大学	金融工程	应用经济学、数学
	风险管理与精算学	应用经济学、数学
	劳动关系学	应用经济学、法学
	中国特色社会主义理论	哲学、理论经济学、政治学、马克思主义理论
	国学	哲学、中国语言文学、中国史
	城乡发展与规划	社会学、中国史、公共管理
	可持续发展管理	应用经济学、农林经济管理、公共管理
	环境政策与管理	环境科学与工程、公共管理
	食品安全管理	法学、食品科学与工程、农林经济管理、公共管理

14 交叉学科

1401 集成电路科学与工程

1401 国家安全学

教育部等五部门关于印发《普通高等教育学科专业设置调整优化改革方案》的通知

教高〔2023〕1号

目标：到2025年，优化调整高校20%左右学科专业布点，新设一批适应新技术、新产业、新业态、新模式的学科专业，淘汰不适应经济社会发展的学科专业。

图2　学位授予单位自主设置交叉学科名单及交叉学科门类示意图

在教育实践方面：中国高校在交叉学科教育方面进行了积极的探索（如表3所示）。例如，北京大学成立了前沿交叉学科研究院，推动了学科交叉研究和人才培养。清华大学则通过建立跨学科研究中心和平台，促进了学科间的交流与合作。

表3　交叉学科研究及人才培养的类型与特征形态

类型	途径	学科	常见形态
学科内生发展	迁移：吸纳和借鉴其他学科的研究方法和理论概念	涉及学科较少，形成双核互鉴的量子纠缠模式	前沿问题研究中心PI制
产业需求导向	聚合：围绕产业具体的需求，形成多学科联合攻关的紧密型学科集团	涉及学科较多，形成具体问题-应用类学科-基础类学科的较为清晰的梯度支撑结构体系	产教融合研究基地大团队
复杂问题解构	共生：面向复杂问题的多学科探索式、松散型学科联盟	涉及学科较多，形成非确定问题-基础类学科-技术类学科的圈层渗透结构体系	多学科交叉研究中心小团队

续表

类型	途径	学科	常见形态
创新创业驱动	螺旋：围绕科技创新和产业成长的产教结合的学科生态	涉及学科较多，技术、应用、产业，一个成功推动另一个成功的螺旋链式结构	大学科技园科技创业团队
复合人才培养	期待：开展以兴趣为导向的人才培养，打破学科边界，提供尽可能多的课程组合	涉及所有学科，学科方向、课程组合、学习兴趣均不设限，形成个性化培养的超市模式	特区学院教学团队

在人才培养模式方面：中国高校在交叉学科人才培养模式上进行了多样化的尝试。一些高校通过开设交叉学科课程、建立跨学科研究团队、开展联合培养项目等方式，为学生提供了跨学科学习的机会。同时，一些高校还通过国际合作，引入国外先进的交叉学科教育理念和模式，提升了人才培养的质量和水平。

此外，王振伟等[①]通过确立"艺工结合"人才培养方案、利用校内学科交叉的协调机制、组建多元的师资队伍、以项目为牵引、以成果为导向进行协同创新等，构建适合产品设计专业的应用型、复合型、创新型人才培养体系。周满等[②]通过分析目前高校核应急人才培养课程体系现状，提出了以能力为导向和多学科交叉融合的设计原则，从综合化、模块化和实践化三方面对军队核应急人才培养课程体系建设进行了探索构建。朱立成

---

① 王振伟等. 基于"学科交叉、艺工结合"理念的产品设计专业人才培养体系构建——以常熟理工学院为例 [J]. 美术教育研究，2023，（12）：150—152.

② 周满等. 多学科交叉融合的核应急人才培养课程体系构建探索 [J]. 教育教学论坛，2023，（02）：101—104.

等[1]通过树立多学科交叉融合培养复合型人才的理念，打造了多学科交叉融合的高水平师资队伍，整合了多学科交叉融合的复合型人才培养课程体系，构建了多学科交叉融合的复合型人才培养实践教学体系，建立了多学科交叉融合的实践教学平台，塑造了多方协同多学科交叉的复合型人才培养的第二课堂育人体系，并在井冈山大学进行了实践，取得了显著的人才培养效果。李业芳[2]认为在交叉学科人才培养中要依托优势学科、改革培养模式、瞄准工程实践，促进校内外办学资源的交叉融合，整合相关的人才培养要素，并构建起良好的制度保障，共同为人才培养工作提供支撑。

综上可见，虽然众多专家学者对交叉学科高层次人才培养体系相关内容进行了一些分析研究，也形成了一定的理论基础，但在招收生源、课程设置、实践教学方式、论文选题与送审，尤其是人才培养模式与体系科学构建上，还都处于初步的摸索发展完善阶段，仍存在诸多不足。在此状况下，该案例依托I大学的资源，旨在构建一个交叉学科的高层次人才培养体系，以促进新兴与传统学科、基础与应用型学科的深度融合。该体系的建立将有助于培养具备多学科知识和技能的复合型人才，同时推动一流学科的引领作用，为高层次人才培养的内涵式发展提供新的动力和方向。

实施过程：

1. 进行交叉学科人才培养的需求分析

主要包括以下内容：

（1）社会经济发展对人才的需求

经济转型：分析沈阳地区乃至辽宁省在经济转型过程中对交叉学科人

---

① 朱立成等. 基于多学科交叉融合的复合型人才培养体系构建与实践 [J]. 井冈山大学学报（自然科学版），2022，43（01）：103—106.

② 李业芳. 工科交叉学科创新人才培养体系构建研究 [J]. 江苏科技信息，2019，36（13）：68—70.

才的需求，如从传统工业向高科技和服务业转型所需的技能。

技术革新：探讨技术进步，尤其是智能制造、综合能源、信息技术等领域对人才的新要求。

社会服务：讨论社会管理和服务领域对具备交叉学科背景的人才的需求，如城市规划、环境保护等。

（2）行业发展趋势与人才需求

行业调研：通过与地方企业和行业协会合作，调研毕业生的主要就业领域，了解行业对人才的具体技能需求。

未来预测：基于行业报告和专家访谈，预测未来5年到10年的行业发展趋势，以及这些趋势对交叉学科背景人才需求的影响。

（3）学科交叉融合的内在需求

学科优势：评估I大学在哪些学科领域具有优势，以及如何利用这些优势推动学科交叉。

项目案例：通过已经实施的交叉学科项目或研究案例，分析这些项目如何促进了学科交叉和人才培养。

（4）人才培养目标与定位

教育目标：明确I大学在交叉学科人才培养方面的教育目标，如培养创新思维、解决复杂问题的能力等。

课程设计：讨论如何设计课程体系以满足交叉学科人才培养的需求，包括必修课程、选修课程和实践环节。

学生发展：探索如何通过学生社团、科研项目、国际交流等途径，促进学生的全面发展。

通过上述改革内容，I大学可以更好地理解社会和行业对交叉学科人才的需求，并据此制定相应的教育策略和人才培养计划。这不仅有助于提升学校的教育质量，也能更好地服务于地方经济和社会发展。

2. 确定交叉学科人才培养体系构建原则

主要包括以下内容：

（1）交叉学科人才培养的目标取向

明确目标：确立清晰的交叉学科人才培养目标，旨在培养具备跨学科知识、创新能力和实践技能的人才。

需求对接：将交叉学科人才培养目标与辽宁社会经济发展需求、行业发展趋势紧密结合，确保培养的人才符合市场和社会发展的需要。

（2）知识结构与能力要求

知识融合：设计课程体系，实现不同学科知识的有机融合，为学生提供宽广的知识视野。

能力培养：重视学生批判性思维、创新思维、问题解决能力和团队合作能力的培养。

实践导向：强化实践教学，通过实验、实习、项目研究等方式，提升交叉学科背景学生的实际操作能力。

（3）教学方法与学习方式

方法创新：采用案例教学、翻转课堂、在线学习等现代教学方法，激发交叉学科背景学生的学习兴趣和主动性。

学习自主：鼓励学生自主学习，培养终身学习的习惯和能力。

技术应用：充分利用信息技术，如在线教育平台、虚拟现实等，提高教学效果。

（4）评价体系与保障机制

多元评价：建立多元化的评价体系，不仅评价学生的知识掌握程度，还要评价其学科交叉创新能力、实践能力和综合素质。

学科融合评价：建立专门针对交叉学科特点的评价机制，鼓励学生在不同学科领域的探索和融合。

资源整合策略：提出整合校内外资源，包括师资、实验室、企业等策略，为交叉学科人才培养提供支持。

政策支持建议：提出咨政建议，争取政府和学校的政策支持，为交叉学科人才培养提供必要的条件和保障。

持续改进：建立持续改进机制，定期评估人才培养体系的效果，根据反馈进行调整和优化。

通过上述改革内容，I大学可以促进交叉学科人才的培养质量提升，为构建一个科学、系统的交叉学科人才培养体系提供支持。

3. 研究交叉学科人才培养模式与路径

主要包括以下内容：

（1）人才培养模式设计

顶层设计：提出制定以交叉学科为核心的高层次人才培养策略，确保人才培养与辽宁经济社会需求相匹配。

制度创新：提出建立灵活的学分和选课机制，鼓励学生根据自己的兴趣和交叉学科人才培养需求进行跨学科学习。

师资建设：提出加强教师的跨学科培训策略，提升教师在交叉学科教学和研究方面的能力。

（2）课程体系与教学内容

课程重构：打破传统学科界限，设计跨学科课程，如"工业设计+人工智能""机械工程+环境科学"等。

内容创新：提出引入最新的科研成果和技术进展方案，更新教学内容，提高课程的前沿性和实践性。

资源共享：提出建立校内外课程资源共享平台方案，促进优质教学资源的充分利用。

（3）教学方法与手段创新

技术融合：充分利用信息技术，如在线教育平台、虚拟现实等，提高教学效果和学生的学习体验。

教学方法多样化：研究采用项目驱动、案例分析、翻转课堂等教学方法，激发学生的学习兴趣和主动性。

评价体系改革：提出建立多元化、过程性的评价体系方案，全面评价学生的学习成果和创新能力。

（4）实践教学与能力培养

校企合作：提出与行业企业合作策略，建立实习基地，提供真实的工作环境让学生实践所学知识。

项目导向：鼓励学生参与学科交叉科研项目，通过解决实际问题来培养他们的研究能力和创新思维。

创业教育：设计交叉学科创业相关课程，提供创业指导服务，培养学生的跨学科合作的创业精神和实践能力。

通过上述人才培养模式与路径改革措施，I大学可以依托其在工程、材料科学等领域的优势，同时积极拓展与其他学科的交叉合作，为构建一个开放、灵活、动态的交叉学科人才培养体系提供支持。

4. 构建交叉学科高层次人才培养体系

主要包括以下内容：

（1）交叉学科队伍建设策略

主要为依托交叉科学任务等，组建学科交叉高层次人才培养师资团队，共同指导学生，发挥团队联合培养优势方案研究。

（2）提升交叉学科复合人才培养质量策略

①根据学科交叉方向制定学科交叉培养方案和培养计划，明确学科交叉培养的目标定位与培养要求，搭建学科交叉知识体系，培育学生的科研

创新能力研究。

②根据交叉学科背景进行个性化指导，在课程学习、科学研究、论文选题、中期考核、毕业设计等整个培养环节加强过程管理和质量监督研究。

③完善课程体系建设，探索跨学科选课制度，允许学生在满足本专业培养方案要求的基础上自主选修其他学科的课程方式，以及利用现代信息技术实现优质教学资源共建共享机制研究。

④交叉学科背景学生跨学科跨行业进行科研实践活动方式研究。

（3）交叉学科育人评价机制与监督体系研究

①交叉学科学生培养分流考核制度研究。

②交叉学科学生论文评价机制研究。

③交叉学科学生培养成效跟踪反馈机制研究。

5. 改革的主要目标

探索新培养机制：构建一个创新的交叉学科培养机制，以适应学科交叉融合的需求。

培养复合型人才：致力于培养具有跨学科知识和技能的高层次复合型人才。

发挥学科引领作用：通过该体系的研究与实践，强化一流学科的引领和示范作用。

促进学科交叉：推动新兴学科与传统学科之间，以及基础学科与应用型学科之间的交叉融合。

推动交叉学科人才培养内涵式发展：通过上述努力，引领实现人才培养内涵式发展，即在招生路径、培养质量、教学内容和方法、成果导向与认定，以及论文评价、毕业授位等进行深入改革和完善提升。

I大学通过这些关键目标，旨在提供一种新的交叉学科人才培养模式，以适应快速变化的社会和经济发展需求。

6. 案例的实施情况

（1）信息科学采集和处理分析

I大学分析了地方高校在服务辽宁经济社会发展视域下交叉学科人才培养的机遇与挑战，结合调查研究的数据，借助统计学、管理学等技术分析工具，精准识别促进交叉学科背景人才类型结构与辽宁经济社会发展结构相衔接中存在的不足与弱项，从而为交叉学科高层次人才培养体系构建提供科学决策参考。

（2）体系构建原则与模式设计

I大学遵循交叉学科人才培养规律，以拟解决的关键问题为导向，通过明确的交叉学科人才培养目标，设计了交叉学科人才招考模式、知识课程融合模式、交叉学科教师团队组建模式、教学方式方法创新模式、成果认定与论文评价模式、人才培养质量监督与反馈模式，形成"招生—培养—毕业—反馈"良性循环的链环式交叉学科人才培养模块布局，为切实推进交叉学科高层次人才培养体系构建研究进程夯实基础。

（3）人才培养模式与路径实施

I大学通过已经自主设置的交叉学科为研究样本，聚焦交叉学科人才培养质量，做到向上延伸聚集高端学术咨询和资源，向下延伸瞄准辽宁产业转型升级重大需求，向内延伸到整合多学科资源培养交叉学科创新人才，经多渠道实践检验并优化交叉学科人才培养链环式模块，为构建一个开放、灵活、动态的交叉学科人才培养体系提供支持。

（4）构建交叉学科高层次人才培养体系

I大学将BSC平衡计分卡绩效评价方法运用到交叉学科人才培养链环式模块考核中来，紧紧围绕交叉学科高层次人才培养特色发展目标，把交叉人才培养任务转化为具体的指标，进而形成具有评价和激励多种职能的人才培养管理体系。从交叉学科人才培养的招生录取、导师团队、过程培养、成果认定、毕业授位及信息反馈6个维度入手进行交叉学科人才培养绩效评价并优化，构建出系统化、科学化的交叉学科高层次人才培养体系，为更广泛的教育领域提供了一种新的交叉学科人才培养模式示范。

该案例中I大学采取了以下研究方法：

1. 文献收集法

收集交叉学科高层次人才培养体系建设相关期刊专著以及网络文献，对资料进行归纳、整理、分类、分析，得出相关的研究成果，为本项目的研究奠定理论基础。

2. 调查研究法

为更全面地掌握交叉学科高层次人才培养体系建设情况，了解招生录取、课程设置、导师团队建设、资源配置、论文送审、毕业授位等情况，开展问卷调查与实地调研，为本项目的研究奠定实践基础。

3. 德尔菲法

征询专家对交叉学科高层次人才培养体系建设的意见或者判断，进行整理、归纳、统计，再匿名反馈给各专家，再次征求意见，再集中，再反馈，直至得到一致的意见，作为本项目的研究重要参考。

4. 系统分析法

在整个项目研究过程中，始终贯彻以理论为基础，以实践为根本，保证本项目研究的逻辑性、科学性、可行性。

5. 层次分析法

将学位点、导师、学生作为一个系统，将交叉学科人才培养质量作为总目标，分解课程、团队、成果等各层子目标，形成不同的层次结构，对每一层指标元素进行分析得出最优方案，以便提出相应的对策。

6. 扎根理论研究法

利用 Nvivo11 统计工具对交叉学科高层次人才培养体系建设内容展开质性分析，采用扎根理论自下而上构建交叉学科高层次人才培养体系的核心要素结构，寻找反映新时代下交叉学科高层次人才培养的核心概念，通过概念之间的联系构建相关的体系建设路径理论。

7. BSC平衡计分卡绩效评价法

采用平衡计分卡绩效评价法，旨在平衡交叉学科人才培养的短期目标与长期目标。短期内，重点关注课程优化、教学创新和学生交叉研究能力提升，通过量化关键绩效指标考核交叉学科人才培养效果。长期来看，致力于培养学生的创新思维、跨学科协作和终身学习能力，同时，通过跟踪毕业生发展，确保交叉学科育人成果与社会需求对接。此外，通过持续的交叉学科导师队伍建设和学术交流，为实现长期教育目标提供支撑，确保交叉学科高层次人才培养体系的科学可持续发展。

实际效果与成效：

该案例提出了解决交叉学科人才培养存在的关键问题策略，形成I大学交叉学科高层次人才培养实施办法草案，为学校提供决策参考。同时设计了一套切实反映地方高校交叉学科高层次人才培养能力与水平的、具有可操作性的评价指标体系，为地方高校开展交叉学科人才培养路径选择提供理论参考。

评价与认识：

I大学通过深入分析社会经济发展需求，构建了一个以学科交叉融合为核心特征的继续教育高层次人才培养体系。该体系在国家政策支持下，依托多学科理论和方法，通过创新的教学模式和实践导向的教学方法，旨在培养具备深厚专业知识、创新能力和领导力的复合型人才。实施过程中，I大学采用了文献收集、调查研究、德尔菲法等多种研究方法，确保

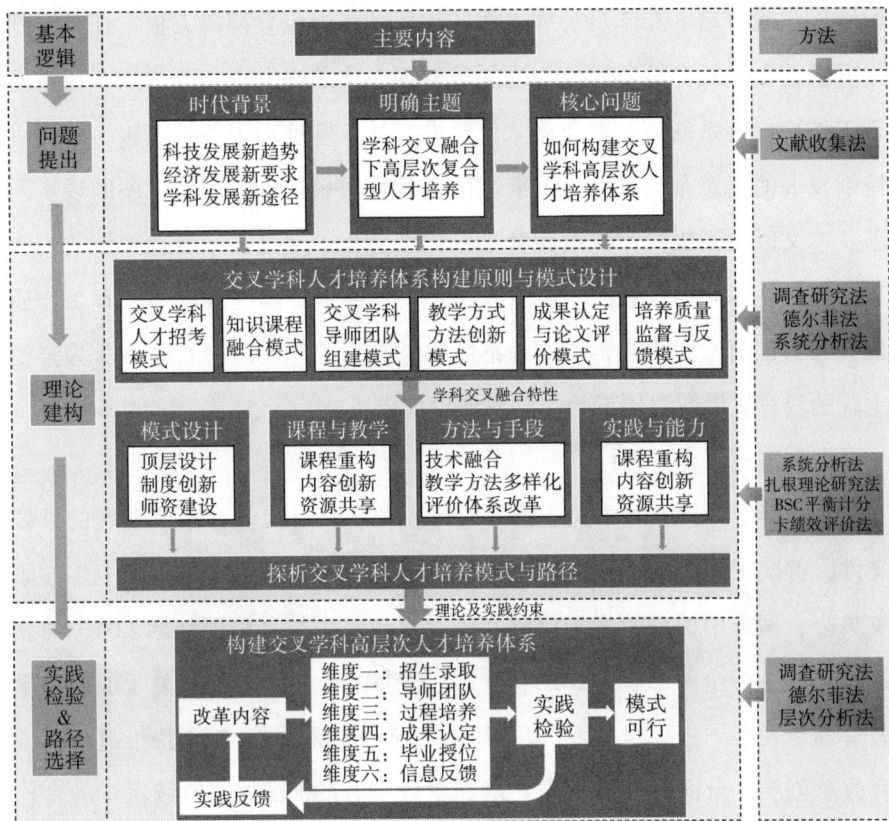

图3　该案例的实施框架

了培养体系的科学性、系统性和适应性。此外，通过构建绩效评价体系，I大学能够持续优化人才培养策略，确保教育质量，为地方经济社会发展提供有力的人才和智力支持，同时也为其他高校提供了宝贵的经验和模式参考。

案例十："新医科"建设背景下继续医学教育质量提升与创新发展理论研究

案例背景：

"新医科"背景下继续医学教育质量提升与创新发展，要深刻认识到继续医学教育培养和学员管理工作的重要性。围绕立德树人根本任务，把提升继续医学教育培养质量作为学员管理工作的出发点和落脚点，通过管理工作理论体系创新、专业化队伍建设、教育管理和服务的完善，构建可持续发展的生态布局，是当下继续医学教育质量提升与创新发展的现实需求。本文以"新医科"建设为背景，详细分析了继续医学教育工作的内涵和特征变化，并结合成人学员管理工作的实际，提出继续医学教育工作质量提升与创新发展策略，以期为继续医学教育工作在以"新医科"为鲜明主题的教育发展新时代下的内涵发展提供借鉴。

案例理论研究内容：

2018年8月，中共中央、国务院印发关于新时代教育改革发展的重要文件，首次正式提出"新医科"概念。同年10月，教育部、国家卫生健康委员会、国家中医药管理局启动实施《卓越医生教育培训计划2.0》，对新医科建设进行全面部署。2020年9月，国务院办公厅印发《关于加快医学教育创新发展的指导意见》（以下简称《指导意见》），对加快推进医学教育改革创新，全面提高医学人才培养质量作出系统部署。继续医学教育作为医学高等教育跨越式发展的重要组成部分正迎来一个前所未有的大发展局面。围绕提升成人学员人才培养质量，如何实现学员管理工作的内涵发展、质量提升，是当前面临的紧迫性、现实性和共同性问题。

1. 新医科建设的现实背景

（1）新时代提出高质量医学教育的新要求

一方面，医学教育涉及教育和卫生两个重要领域，推进医学教育高质量发展是新时代卫生和教育系统高质量发展的共同要求。另一方面，人民群众对于卫生健康的高质量需求，推动医学教育供给侧结构性改革。《"健康中国 2030"规划纲要》中明确了2030年人民健康水平持续提升的具体目标，这就意味着"健康中国"建设需要大量优质卫生健康人力资源的支撑和保障，从而对我国医学教育规模、结构、质量提出了新要求，"高质量"是新医科题中应有之义。

（2）新一轮科技革命开创医学教育新业态

新一代信息技术、新材料、智能制造、生物技术等新技术推动卫生健康行业形成新业态。具体而言，主要体现在两个方面：一是卫生健康行业智能化对医学教育提出新要求。临床诊疗、医疗装备、新药研发、临床技术与决策等都呈现出数据化、精准化、智能化的特征，新一代医务工作者必须适应现代科技知识和技能发展的新要求。二是新技术正在不断改变医学教育生态。迅速发展壮大的全球化、网络化的知识学习平台，推动教的方式和学的方式更加多样化，新一代医学生必须为适应这种转变提前做好职业准备。

（3）第三代医学教育改革引领世界新趋势

百年世界医学教育经历了三代改革：第一代改革是20世纪初启动，其突出标志是以科学为基础的课程设置；第二代改革是20世纪中期实行以问题为基础的教学创新；第三代改革是最新提出的以系统为基础的岗位胜任力培养改革。世界医学教育改革的逻辑和趋势，为我国新医科建设提供了参照。一方面，医学学科体系呈现整合化趋势。第二、三代医学教育改革，遵循着医学知识内在生产逻辑，不断弥合科学与人文、微观与宏观、理论与实践之间的缝隙，医学学科体系呈现出整合化趋势。另一方面，医学教育组织变革呈现系统化趋势。纵向上从大学学术中心向初级医疗保健机构、社区医疗中心拓展；横向上形成了地区或全球网络系统、医学教育联盟等联合体，新一代医学教育组织形成了多中心、全球化的医学学术系统。

（4）新健康风险挑战亟须医学人才新思维

工业化、城镇化、人口老龄化、疾病谱、生态环境及生活方式等一系

179

列变化，给维护和促进健康带来一系列新的挑战。因此，新医科需要树立"大健康"理念，强化"三全"健康思维：一是"全过程"健康思维，医学不能仅靠临床医学，还需要预防医学、护理学、药学、康复医学等健康全过程协同；医学要覆盖人类生命全周期，形成从胎儿孕育到生命终点的全过程健康服务。二是全人群健康思维，从关注个体健康转向关注群体健康、全人群健康。三是全方位健康思维。现代医学涉及环境、生物、医学、工程、心理、社会等各个方面。而且，我国医药卫生体制改革后，逐步形成了公共卫生机构、综合和专科医院、基层医疗卫生机构"三位一体"的医疗卫生服务体系，医务工作者理应适应现代医学模式和卫生体系改革需要，培养全方位健康思维。

2. 继续医学教育工作的内涵和特征变化

关于医学人才培养，目前看还存在一些结构性问题，主要表现在：医学教育总体招生规模较大，但整体层次偏低，全科医学人才、高层次公共卫生人才短缺明显，高层次复合型医学人才培养也亟待加强。对此，《指导意见》中特别对推进继续医学教育工作方面提出了四点具体要求：一是针对疫情暴露出的医务人员知识和技能的短板。在以往强调将医德医风、法律法规等知识作为必修课的基础上，进一步明确要求将急诊和重症抢救、感染和自我防护以及传染病防控、健康教育等公共卫生知识和技能作为医务人员必修课。二是大力发展远程教育。健全远程继续医学教育网络，逐步推广可验证的自学模式。三是将医务人员接受继续医学教育的情况纳入其年度绩效考核的必备内容。四是在经费保障方面。要求用人单位要加大投入、依法依规提取和使用职工教育经费，保证所有在职在岗医务人员接受继续医学教育和职业再培训。

3. 框架要素分析

按照三大框架，对框架内涵盖要素进行分析，发现继续医学教育呈现成人教育工作特征，同时发现在"新医科"背景下学员管理工作面临着一些挑战。

（1）学员管理工作理论研究体系创新

继续医学教育学员管理工作涉及学员日常管理、学员安全、思想政治教育、学业指导、党建、心理健康教育、科技教育、社团等，其中既有侧重管理和教育的工作，也有侧重指导和服务的工作，都是人才培养过程的重要环节和组成部分。在"新医科"建设中，需要学员管理工作与时俱进地做出创新以期适应提升人才培养质量需要。首先要求学员管理工作与学科人才培养目标相结合，开展的工作要有学科倾向性，包含学科理论性、指导性、服务性等多方面内容，充分体现学科特点。其次要面向"新医科"创新学员管理工作文化，一流的学员管理工作文化要体现出不忘初心，致力于人才培养的人本文化和能够与时俱进为学员管理工作提供不竭动力的创新文化等。再者要在领会全国思政会议精神基础上，认真探索学员管理工作规律，以习总书记强调思政工作要因事而化、因时而进、因势而新为指导，完善工作体系，加强体系合力。体系制定的合理性和科学性，为学员管理工作实施的有效性带来挑战。

（2）专业化学员管理工作队伍建设

学生工作队伍是学生工作的骨干力量，其中辅导员队伍构成了学生工作的支柱，是学生日常思想政治教育和管理工作的组织者、实施者和指导者。辅导员队伍的自身建设水平和师表作用的发挥将直接关系到人才培养目标的实现。从现状来说，辅导员队伍平均年龄低、岗位交替周期短，工作压力繁重、重复率高且效能低。大多辅导员缺乏工作对象的学科背景和专业技能，不能深刻了解不同学科学生的发展规律，势必导致工作内容缺失，一定程度上影响人才培养目标的实现。

（3）一流的教育管理和服务保障

"以学生为根、以育人为本"是高校学生工作的出发点，在教育管理和服务保障中要形成一个共识，即应始终遵循学生成长、成才规律，回归到大学教育定位本身，平心静气地落实立德树人根本任务，不断提升人才培养工作的质量和水平。要认识到一流的教育管理和服务保障，尤其是精美的工作环境、精致的工作项目和精细的工作服务对一流学生培养和一流学生工作的重要性。因此，如何在"新医科"建设全过程中创新学生工作教育管理和服务保障模式面临挑战。

4. 提升"新医科"建设背景下学生工作质量的思考

通过上述分析可见，国家和各地政府都高度重视"新医科"建设，并把继续医学教育作为全面提升医学人才培养质量的重要补充，但在如何以学生工作为抓手，提高人才培养质量，落实培养目标上仍面临着一些挑战。

下面围绕提升"新医科"建设背景下继续医学教育学生工作质量提出几点思考。

（1）立足人才培养，科学构建学生工作体系

学生工作体系的深入完善是学生工作质量提升的重要体现。各级"新医科"建设方案、计划中均在文本层面上落实"人才培养"有关精神，重视引导人才培养体系建设，但追溯到政策执行层面，并没有细化方案和保障措施支持，政策支持和实施过程对高校学生工作体系建设的内生动力重视也不足。鉴于此，一是建议各级政府进一步增加人才培养政策的配套制度供给，为高校学生工作体系建设提供支持，从高校辅导员引育、学术研究、职称评审、职务晋升、学历提升、轮岗交流等方面给予政策红利，使高校学生工作体系建设有据可依，促进自觉创新和自主发展。二是科学构建学生工作考核体系。客观评价从立足日常工作材料评价、引入第三方评

价、学科倾向评价三个维度对考核结果赋值，运用技术手段得到科学结论。主观评价从外部显性评价和内在隐性评价两个维度考虑，外部显性评价要注重学生工作规律，树立在考研率、学生获省级以上的各类竞赛竞技奖项情况等关键显性指标上有所突破，内在性评价注重学生文化精神和内在品质的培育。

（2）优化队伍结构，形成多路线引育格局

优秀学生工作队伍的成长发展是有规律可循的，该规律可以从优秀学生工作者成长的主观内因和客观外因、教育对象和环境的变化、工作目标管理等三方面探寻。学生工作除顺应规律外，在队伍结构建设上需加强顶层设计规划，构建引育结合可持续发展布局。一是高规格培养，提升队伍能力。学生工作队伍自身能力直接关系到人才培养目标的实现。"新医科"背景下的能力提升可从三方面着手，首先是培训学科背景及相关学科知识，帮助辅导员掌握本学科学生发展规律。其次，选拔推荐优秀辅导员学科内学历提升，在改善辅导员队伍学历结构基础上有效推进学科专业化发展。然后，积极推进辅导员国内外业际交流，以"走出去、请进来"的策略，通过交流学习促进学生工作能力提升。二是加强班导师队伍建设，本质上实现班导师制度从"有限补充"到"积极作用"转变。班导师完成了系统的学术锻炼，积累了丰富的学术素养，亲身经历了本学科人才培养的全过程，提升班导师站位更加有利于实现"新医科"人才培养工作愿景。三是高起点准入，进一步提升队伍学历层次。"新医科"背景下以博士为基础构建学生工作队伍有较强的现实意义，选聘博士担任辅导员也是为了满足"新医科"发展和创新人才培养的迫切要求。

（3）加强自身建设，贴近学生精致服务

学生工作的时代特征越来越强，教育对象、教育环境、教育目标变化节奏也越来越快，新机遇、新问题、新矛盾层出不穷，这就要求学生工作干部要守住初心，做到多学习、多积累，要有广博的文化知识和精深的专业知识，为开展好工作提供坚实保障；做到修品德、修身心，树立坚定的理想信念；做到大格局、大视野，切实听从组织安排，弘扬正能量，传播好风气；做到有激情、有爱心，时刻充满活力，不断创新工作思路和方法；做到经得起风雨、经得住磨炼，实实在在地成长成才；做到接民意、接地气，突出工作实效，在实际工作中不断努力，精益求精，培育一流人才，创造一流业绩。

（4）以学生为本，构建管理服务新模式

"新医科"背景下，落实以人为本的科学发展观，树立"以生为本"的育人导向，坚持走以人才培养质量提升为核心的内涵式发展道路，已成为高等院校加快"新医科"建设的重要指导思想，这就要求学生工作在管理和服务上不断与时俱进、开拓创新。一是积极提倡"交流式""互动式"的管理服务方式，增强师生间的相互了解。二是坚持"兼容并包，有教无类"的教育理念开展学生管理服务工作，促进学生文明生活、健康成才服务要有的放矢，要紧密结合学生学科背景，结合学生成长发展实际，结合社会人才需求实际，切实通过一流的管理服务大幅度提高学生受益面。

评价与认识：

高等医学教育发展进入新时代，"新医科"建设是新时代最鲜明的主题。学生工作要时刻围绕新时代下的鲜明主题，处理好工作内容、方式方法等继承与创新，努力建设强有力的学生工作队伍，顺应学生工作发展趋势，对未来实施的策略、路径进行前瞻性思考。只有通过不断适应、思考、研究、开拓，才能更好地促进高校学生工作不断向前，才能创造出适应新时代的学生工作方式，帮助高校得到更好的发展。

案例十一：高等学历继续教育创新创业教育改革案例研究

案例背景：

创新创业教育作为一种现代教育理念和实践，传递着国家战略的导向、转型发展的指向、培养目标的同向三重意蕴。本案例从基本原则、主要目标、建设内容、保障措施等方面，介绍了 J 学院"十四五"创新创业教育的一些思考，以期提升创新创业教育在主流教育体系中的话语权，深化创新创业教育改革，推动人才培养范式变革。J 学院是由 G 省人民政府主办、省教育厅主管的公办全日制本科院校。应大众创业、万众创新的时代要求，学校于 2015 年 9 月成立创新创业学院，经过近些年的探索，形成了"强化五个结合、搭建三个平台、构建一个体系"双创教育生态链，探索出一条具有地方高校特色的大学生创新创业教育之路。2016 年和 2020 年先后两次获评"G 省大学生创新创业教育示范学校"，2017 年"'115'塔式创新创业教育提升工程项目"获 G 省高校第五届学生事务管理精品项目，2018 年学校获评"全国创新创业典型经验高校"，2020 年"地方本科院校'531'创新创业教育体系的构建与实践"获评第九届 G 省教育教学成果二等奖。

案例内容：

1. 该案例研究的基本原则

（1）坚持以生为本，提高培养质量

优化政府创新创业教育政策导向，以满足区域经济和行业发展需求为目标，以全方面协同育人为保障，畅通纵向沟通渠道，理顺横向衔接机制，坚持创新创业育人内涵与外延拓展并重，把学生创新精神、创业意识和创新创业能力培养作为深化创新创业教育的出发点和落脚点，推动"应用导向，能力为本"的应用型人才培养模式的形成。

（2）坚持问题导向，力求改革实效

全面解决目前我校创新创业教育工作职能分散、运行模式"碎片化"、协同化程度低的现状，扭转过分关注创新创业教育的就业补充价值而深化改革内生动力不足的局面，完善以创新创业学院为主要平台的创新创业教育管理体制，优化满足师生需求的创新创业教育激励机制，创新以人才培养质量提升为导向的教育教学模式。

（3）坚持协同推进，形成工作合力

增进理念共识，加强顶层设计，优化底层配置，形成学校统一领导、创新创业学院统筹协调、相关职能部门和各二级学院组织实施的工作联动机制。以"人才质量提升"为融合目标，建立校际间创新创业人才联合培养平台，善用政府政策导向和市场导向功能强化政校合作，构建"产学研"三位一体办学体制加大校企合作力度。

2. 该案例研究的主要目标

落实国家创新驱动发展战略，以高素质应用型人才培养为主要目标，以"敢闯会创"为核心要素，聚焦短板、精准施策、强化特色、有效推进，搭建以创新能力培养为核心、专业教育和通识教育高度融合、第二课堂和第一课堂相互促进的人才培养模式，把创新创业教育融入素质教育各环节、人才培养全过程，坚持创新引领创业，创业带动就业。到2025年，深化创新创业教育改革取得重大进展，总结一批可复制、可推广的创新创业教育理论与实践成果，形成毕业生更高质量创业就业的新局面，助推我校成为省内一流、大湾区示范、国内知名的特色鲜明的高水平应用型大学。

3. 该案例研究的主要内容

（1）优化学科专业设置，修订人才培养方案

调整优化学科专业结构，着重解决创新创业教育与"新工科、新师

范、新文科、新农科"建设融合的问题，构建"面向全体、结合专业、梯次递进"的创新创业教育体系。结合办学定位、服务面向和创新创业教育目标要求，修订人才培养方案，推进通识教育与专业教育并行、开放教育与个性化教育共进，使创新精神、创业意识和创新创业能力成为评价人才培养质量的重要指标，将"互联网+""挑战杯"等大学生创新创业高水平赛事作为检验人才培养质量的重要手段。全校各专业充分利用校内外优质教育教学资源，通过组合式融合（新课程与老课程并列组合并逐渐衔接）、渗透式融合（用创新创业教育的理念、精髓和方法改造原有的专业和课程）、专业群建设融合（开设跨专业、跨学科的交叉课程）等方式深化产教融合，积极探索与合作单位共建专业、实训基地、实践教学平台、特色课程的新模式。与政府、行业和用户共同开设每年不低于5个的校、院两级创新创业协同育人行动计划精英班等，逐步实现跨界整合、协同创新人才培养新模式的全覆盖。开设工商管理（创业教育）辅修双学位试点班，并在开办辅修双学位的经验基础上，尝试开设创业管理（方向）本科试点班，面向全校大一新生招生，由创新创业学院负责实施管理。对有强烈创新创业意愿的学生，也可以采用 3+1（3年分散在学院、1年集中到创新创业学院）的办学模式，实行个性化的人才培养。

（2）完善教育课程体系，改革教学方式方法

与学校思政课程和课程思政改革同向同行，探索形成课内、课外有机融合，产、学、研、创交互融通的"全过程、通识型"的创新创业教育课程体系，包括通识类必修、选修（辅修）+专创融合特色示范课+创新创业实践（实训）+创新创业教育类的 MOOC、视频公开课等网络课程（引进和自建）等，促进创新创业教育与思政教育、通识教育和专业教育有机融合。通过教学改革项目立项、一流课程建设等专项支持创新创业课程建设，并将课程建设考核与"互联网+""挑战杯"等高水平创新创业赛事的

参赛获奖情况挂钩，鼓励高水平教师领衔打造创新创业线上线下金课并积极指导学生参加各级各类创新创业大赛。力争到2025年，全校开设创新方法类、创新思维类等创新创业教育课程不少于100门，其中共建共享的在线开放课不少于20门，5年内至少有3门课程入选省级以上"就业创业金课"，至少有1门课程入选省级以上一流课程。以立项建设的方式，开展创新创业课程教材和案例库建设，鼓励教师编写一批高质量的创新创业教育教材、培育一批有特色的创业成功典型，力争5年内出版教材数不少于6本、撰写校友和大学生创业园创业典型案例不少于50个。对标教育部《普通高等学校本科专业类教学质量国家标准》中关于各专业类创新创业教育的目标要求及课程要求，改革教学方式方法，创新教学评价方式，提升教学质量。实行完全学分制，弹性学业年限为3—7年，允许学生边工边读，允许休学创业，简化复学手续，为学生离校创业提供便利。完善创新创业学分积累与转化制度、创新创业校内外互动交流与合作学习、在线开放课程学习认证和学分认定制度。允许学生通过学科竞赛、科学研究、技术开发、发明专利、社会实践、发表论文等方式获取学分，允许学生将优秀创新创业项目申请为毕业设计（论文）。

（3）夯实实践平台建设，提升实践创新能力

通过建设优良平台、资源、制度和学习条件，建立校内实习实验平台、校企协同实习实训平台、创新创业模拟演练和实战平台等，以保障创新创业教育各类实践课程与理论课程构成立体化的交融关系、由浅入深贯穿人才培养的全过程。依据企业发展"种子期、初创期、成长期、成熟期"的三个阶段，完善"创客空间、创新创业园、企业孵化器"三个创新创业实践平台建设，给予不同层级的差异化指导与服务，形成"种子培育、苗圃助长、企业孵化"的完整链条。创客空间是催生创意、培育创业项目的实践平台，依托各二级学院实验室、工程中心和科研基地等，通过

健全规章制度、建立宽松和开放的运行模式、实行设备的模块化管理、实行科研创新项目导师制等举措，构建面向大学生创新能力培养的具有学科和专业特色的创客空间，力争到2022年底，实现所有二级学院创客空间全覆盖。创新创业园是大学生初创企业的孵化平台，进一步规范文化创意园、电子商务园等创新创业园区的运营管理，搭建基础、信息、咨询、中介、融资、科技、培训等"七位一体"的服务平台，对入驻的学生初创企业给予减免租金，提高初创企业的成活率。入驻团队的负责人原则上应该是我校在校学生、在任教职工或毕业五年内的毕业生，入驻项目应与"大创项目""互联网+""挑战杯"等省级以上各级各类项目和比赛进行有效对接。企业孵化器是企业进入稳定发展期的孵化平台，依托大学科技园进行建设，充分利用科技园已有资源，为高成长性企业加速发展提供所需的空间以及金融、投资、市场等个性化服务，帮助企业发展实现产业化。

（4）强化师资队伍建设，提高教育教学质量

实施"内培"与"外引"相结合的策略，建设一支"专兼结合"的创新创业师资队伍。一方面在校内建设培养一支数量足、结构优、水平高的教学团队，主抓两支队伍：一是辅导员，加强辅导员专项培训，提升对大学生职业生涯规划、创新创业教育、就业指导等方面的职业服务能力；二是专业教师，结合学校"双师双能型"教师评聘机制以及科技特派员制度建设等，选派一批学历高、实践经验丰富、具有政企行业任职经历的高水平人才和深入企业、农村进行科技服务和关键技术攻关的优秀青年教师，充实创新创业教育专任教师队伍。另一方面，面向政府、行业、企业等柔性聘任一批理论水平高、管理经验丰富的业界精英，充实创新创业教育兼职教师队伍。到2025年，创新创业教育校内教学骨干教师不少于300人，校外兼职导师不少于200人。加强对校内创新创业教师的培训，到2025年全校取得创新创业指导师等教育部门认可的创新创业相关证书的老师人数

不少于100人。修订完善《大学生创新创业导师管理办法》，规范校内外创新创业导师的选聘、管理、考核、激励等，探索构建教师创新创业教育能力标准，并使之成为教师上岗、职称晋升的必要条件。依托创新创业师资队伍深入开展创新创业教育理论研究，力争5年内创新创业教育获省级以上质量工程和教改项目3项以上，获省级以上教学成果奖1项以上。

（5）发挥大赛引领作用，全面提升育人水平

将参加中国"互联网+"大学生创新创业大赛等高水平竞赛作为激发当代大学生创新思维、培养创新创业人才、促进科研成果转化、深化创新教育改革的重要平台和载体，推动大赛向全员参与、重点突破的目标前进。注重大赛项目的提前选拔，建设大赛重点培育项目库，年度培养重点项目不少于20个，联动相关职能部门和项目所在二级学院长效跟踪、精准服务。每年定期组织"互联网+"大赛优秀项目展示和推介活动，推动优秀项目向创业园转移、向创办企业和申请专利转化，真正形成"以赛促学、以赛促教、以赛促创、以赛促就、以赛促改"的创新创业教育长效工作机制。结合"三下乡"社会实践等活动，更大范围、更高层次、更深程度开展"青年红色筑梦之旅"活动，将创新创业实践与乡村振兴相结合，每年建设5个左右的品牌项目、特色服务模式和青年帮扶示范区，打造一堂聚人气、展朝气、凝心气、接地气的创新创业思政金课。深入实施"大创项目"，修订完善项目管理办法，规范项目申请、项目实施、项目变更、项目结题等事项的管理，将参加"互联网+""挑战杯"等高水平大学生创新创业大赛作为"大创项目"结项的必需条件，力争5年内突破"互联网+"和"挑战杯"尚未入围过国赛的瓶颈问题。

（6）营造浓厚文化氛围，激发创新创业活力

立足创新创业教育在高校本科教育体系中作用与功能的发挥，充分挖掘创新创业文化的育人优势和资源，把创新创业文化因子渗透于校园自然

人文环境、教育教学环境和科研实践环境中，提高师生的创新创业认知能力和认同感。鼓励各二级学院结合专业特色开展品牌学术科技文化活动，形成"一院一节一特色"的学院科技文化活动局面，以创新创业文化引领优良的校风、教风和学风。坚持第一课堂和第二课堂有机结合，将创新创业文化融入校园文化、社团活动、社会实践和志愿服务等，培育跨学科、跨专业、跨年级以及师生合作的创新创业团队。推动创新创业文化向育人成果转化，将学生创新创业纳入评优体系，定期开展"创新之星""创业之星"等评选活动，对创新创业方面的优秀学生、优秀指导教师、优秀项目（活动）、优秀组织单位等予以表彰奖励，发挥典型示范引领作用。以成功案例和失败案例作为双重解析维度，引导学生客观认知创业风险及价值，并从中总结创新创业文化的价值规律。在每年11月开展"创新创业文化节"活动，通过培训、专家讲座、主题班会、座谈、沙龙、竞赛、成果展示等形式，力争活动参与人次达到全校师生的80%以上。讲好创业故事，培育和推广创客文化，加大各级各类新闻媒体的宣传力度，引导大学生树立科学的创新观、创业观、成才观，助推学校"以生为本，以质立校，崇尚创新"的砚园文化体系的形成。

（7）发挥党建引领作用，助力创新创业教育

将党建工作融入创新创业教育体系，通过思想嵌入、教学嵌入和师资嵌入等方式，充分发挥党建工作在价值引领、工作谋划、资源统筹、组织建设等方面的优势和作用，解决创新创业教育在理念上缺乏明确的价值引领、在主体上缺乏足够的骨干带动的问题。通过开展党史学，通过党史文化进一步丰富社会主义核心价值观的内在含义，把党史体现的价值观融入创新创业教育实践的全过程。选拔或培育党建和业务皆强的"双带头人"担任创新创业教育教工党支部书记，促进党建和业务工作共同谋划、相互融合、彼此促进。开展"先锋岗""示范岗"、党员公开承诺、党员带头认

领任务等党员先锋示范系列活动，在创新创业教育重难点任务承担、赛事指导、社会服务等方面发挥党员示范带动作用。构建党建引领高校创新创业教育的评估机制，将指导"互联网+""挑战杯""大创项目"等创新创业活动以及承担学科建设和教改任务、教学比赛获奖等创新创业育人成效纳入教师党员考核指标，增强党员教师参与创新创业育人工作的积极性主动性。

4. 保障措施

（1）健全体制机制

落实创新创业教育主体责任，成立由校长担任组长的"创新创业教育工作领导小组"，负责创新创业教育工作的顶层设计、统筹协调等；从高校、行业协会、企业单位及科研院所选聘精干力量组建"创新创业教育工作指导委员会"，负责创新创业教育的研究、咨询、指导、评估、考核、服务等。完善创新创业学院的职能配置和内设机构设置，将创新创业教育的课程建设、教材编写、理论与实践研究、项目申报、多元化合作、"大创项目"管理、导师队伍建设、学分认定、校内外基地运营、入驻团队管理、成果转移转化、创新创业服务、"互联网+"等赛事组织、实验班建设等，集中归口到创新创业学院，依托创新创业学院综合管理办公室、创新创业教育研究教研室、创新创业实践基地办公室等内设机构各司其职、高效推进。各二级学院结合实际制定本学院创新创业教育改革实施方案，成立由院长担任组长的"创新创业教育工作领导小组"，负责创新创业教育的发展规划、运行保障、激励机制等的顶层设计和工作指导；成立"创新创业中心"，负责创新创业平台的建设、大学生创新团队和项目的培育、各级各类创新创业竞赛的组织、创新创业实践基地的建设、专创融合和产学合作等相关工作。

（2）完善保障机制

设立每年不少于300万元的创新创业教育工作专项经费，财政预算予以优先保证。完善硬件设施，以实训大楼、文化创意园、电子商务园等为支撑，加强场地设施建设，打造成集创新创业教育咨询、指导、展示、服务等于一体的创新创业教育工作阵地。

（3）强化考核力度

学校将创新创业教育工作作为各单位年度考核和中期评估的重要指标，依托"创新创业教育工作指导委员会"对各学院"创新创业中心"实行分类滚动管理，并以中期报告和年度报告等方式进行工作考核。把创新创业教育相关情况列入教学质量年度报告和毕业生就业质量年度报告重点内容，接受社会监督。

（4）加强宣传引导

大力宣传创新创业教育的重要性和深化创新创业教育的必要性，及时总结凝练好经验好做法，在全校范围内选树创新创业工作典型经验集体和个人，以及大学生创新创业典型成功案例，丰富宣传形式，发挥示范效应，激发全校师生参与创新创业的热情，推动创新创业教育工作再上新台阶。

对该案例的简要分析：

这份案例是关于J学院"十四五"期间包含高等学历继续教育的创新创业教育改革的案例研究，其案例背景为：学院是G省人民政府主办的公办全日制本科院校。该校响应"大众创业、万众创新"的时代要求，2015年9月成立创新创业学院，目前形成了具有地方高校特色的双创教育生态链。该案例的基本原则包括：以生为本，提高培养质量；问题导向，力求改革实效；协同推进，形成工作合力。该案例的主要目标可以总结为：落实国家创新驱动发展战略，培养高素质应用型人才；到2025年，形成毕业生更高质量创业就业的新局面。该案例主要内容总结为：优化学科专业设置，修订人才培养方案；完善教育课程体系，改革教学方式方法；夯实实践平台建设，提升实践创新能力；强化师资队伍建设，提高教育教学质量；发挥大赛引领作用，全面提升育人水平；营造浓厚文化氛围，激发创新创业活力；发挥党建引领作用，助力创新创业教育。该案例的保障措施提到：健全体制机制，成立领导小组和指导委员会；完善保障机制，设立专项经费，加强硬件设施建设；强化考核力度，将创新创业教育工作纳入年度考核；加强宣传引导，选树典型经验集体和个人，激发师生参与热情。该案例实施的具体举措包含：包括开设辅修双学位试点班、实行个性化人才培养模式、建设校内外互动交流与合作学习制度等；通过建设创客空间、创新创业园和企业孵化器等平台，提供差异化指导与服务；实施"内培"与"外引"策略，建设专兼结合的师资队伍；通过大赛等活动激发学生的创新思维和创业能力。该案例取得了一些成果与荣誉：该校多次获得省级以上荣誉，如"G省大学生创新创业教育示范学校"等。该案例期望到2025年，能够深化创新创业教育改革，形成可复制、可推广的理论与实践成果。

评价与认识：

该案例具有教育改革的前瞻性：J学院的创新创业教育改革体现了对国家创新驱动发展战略的积极响应，通过教育模式的创新，培养适应新时代发展需求的高素质应用型人才。具有教育模式的创新性：学院构建了"面向全体、结合专业、梯次递进"的创新创业教育体系，这种模式有助于学生在不同阶段获得适宜的创新创业教育和实践机会。在实践与理论的结合方面：该案例通过建设创客空间、创新创业园和企业孵化器等实践平台，学院强化了学生的实践能力，这与理论教学相结合，有助于学生全面发展。该案例体现出对师资队伍建设的重视性：学院实施"内培"与"外引"策略，建设了一支专兼结合的高质量师资队伍，这为提高教育教学质量提供了坚实保障。该案例实施的大赛引领的策略成果显著：将高水平的创新创业大赛作为教育改革的重要平台，不仅激发了学生的创新思维，也促进了科研成果转化，增强了学生的实战经验。该案例同时重视文化氛围的营造：学院注重创新创业文化的培育，通过各种活动和评选机制，营造了鼓励创新、支持创业的良好校园文化氛围。在党建与教育的融合方面：该案例将党建工作与创新创业教育相结合，通过党员的示范作用和党建活动的引领，增强了教育改革的深度和广度。在体制机制的健全方面：该案例中J学院成立了专门的领导小组和指导委员会，确保了创新创业教育工作的顺利进行和有效监督。该案例呈现的保障措施的完善：通过设立专项经费、完善硬件设施和强化考核力度，J学院为创新创业教育提供了坚实的物质和制度保障。在社会影响与示范作用方面：J学院的创新创业教育改革不仅提升了自身的教育质量，也为其他高校提供了可借鉴的经验，具有较强的社会影响力和示范作用。在持续改进与发展方面：J学院的规划显示了对未来发展有着清晰的认识和规划，体现了持续改进和追求卓越的精神。

总体来说，J学院的创新创业教育改革案例展现了教育创新的勇气和智慧，其做法和成效值得其他高等学历继续教育高校和教育机构学习和借鉴。

案例十二：产教融合下的教育创新——高等学历继续教育与现代产业学院协同发展案例研究

案例背景：

高等学历继续教育与现代产业学院紧密相连，共同致力于培育符合社会发展和产业需求的高素质人才。高等学历继续教育通过为在职人员提供学历和技能提升的机会，与现代产业学院的产教融合教育形成互补，共同构建起一个综合性的教育体系。这种合作模式不仅能够使继续教育项目与产业学院的课程和实习紧密结合，为在职人员提供符合产业需求的学习路径，还能实现资源共享，提升教育效率和质量。此外，两者的协同发展有助于服务地方经济，推动产业升级和技术创新，从而形成一个更加完善的高等教育体系，满足社会对多样化人才的需求。该案例重点阐述的现代产业学院建设是新工科建设的组织创新，是推动高校分类发展、特色发展的重要举措。目前，在相关政策的驱动下，各类各地高校掀起现代产业学院建设的热潮，它们如何定位、如何运作、如何评价？该案例在全面调查分析现代产业学院发展情况的基础上，重点对地方高校现代产业学院建设的内涵、路径开展研究，并提出意见和建议，供政府、高校和企业等参考。

案例主要思路和内容：

为扎实推进新工科建设再深化、再拓展、再突破、再出发，全面提高人才培养能力，2020年7月，教育部、工业和信息化部印发《现代产业学院建设指南（试行）》（教高厅函〔2020〕16号）（以下简称《建设指南》），提出在特色鲜明、与产业紧密联系的高校建设若干与地方政府、行业企业等多主体共建共管共享的现代产业学院。2020年12月，教育部印发《关于开展首批现代产业学院申报与建设工作的通知》（教高司函〔2020〕20号）。目前，各类高校围绕国家政策导向指引纷纷行动，在全国范围内掀起了现代产业学院建设的一轮热潮。通过各地各校公开发布的信息对全国现代产业学院发展情况进行了梳理。调查显示，公开宣传已挂牌成立或新建的各类现代产业学院达到700多个，其中，浙江、广东、福建、江苏、湖南等多个省区市公布了省级示范学院遴选名单。现代产业学院作为推动"四新"建设的办学组织创新，是促进产教融合的重要平台，也是推动高校分类发展、特色发展的重要举措。对于地方高校而言，现代产业学院如何定位、如何运作、如何评价；尤其是在资源相对紧张的情况下，如何杜绝"跟风"和"冒进"现象，如何避免新一轮"同质化竞争"和"折腾"？根据全国20个省区市千余所高校的调查情况，该案例特对地方高校现代产业学院建设的目标、路径开展分析研究，提出意见和建议，供政府、高校、企业等有关方面参考。

1. 现代产业学院的起源及现状

现代产业学院由产业学院或产业化学院延伸发展而来，业内普遍认为，现代产业学院概念的起源可以追溯到2017年12月《国务院办公厅关于深化产教融合的若干意见》（国办发〔2017〕95号）的发布。

（1）现代产业学院发展历程

2017年，为了能够积极应对新一轮科技革命和产业变革，主动、积极服务创新驱动发展战略、制造强国战略等一系列重大发展战略，教育部依次在复旦大学、天津大学和北京召开了三场关于"新工科建设"发展的战略讨论会，会后出台了三个非常重要的改革性文件——被业内简称为"复旦共识""天大行动"和"北京指南"，也是教育部组织探索"新工科"建设的"三部曲"。这里面，"天大行动"提到将来要"优化校内协同育人组织模式，建立跨学科交融的新型机构、产业化学院等"，"北京指南"进一步明确要"推动大学组织创新，探索建设一批与行业企业等共建共管的产业化学院，建设一批集教育、培训及研究于一体的区域共享型人才培养实践平台"。回望近几年的工作，产业学院（产业化学院）开始在教育部的相关改革文件中陆续出现，并迅速在各省市区各类高校，尤其是地方所属普通本科高校和职业院校中得以广泛实践。

调查显示，产业学院建设最早发源于我国经济较为发达、产业更为活跃的东南部沿海地区，比如广东、浙江和福建省等等。当地的省属院校也最早与地方产业经济深度融合共同探索协同育人新模式。其中，本科院校以东莞理工学院、宁波万里学院、福建农林大学等为代表，以解决自身服务产业技术能力不强问题为导向，对接区域性重点产业和龙头企业共同建设产业学院；高职院校以广东工贸职业技术学院、厦门城市职业学院、中山职业技术学院为代表，以解决自身精准培养重点产业紧缺的应用型人才问题为导向，对接龙头企业、产业小镇建设生产型产业学院，进一步增强了高等职业教育与区域经济社会发展的匹配。

实践证明，诸多富有代表性的产业学院在运行过程中实现了举办主体的双赢或者多赢，并得到当地社会的广泛认同。在建设过程中，高校为学院提供冠名权、办学场地、师资力量、招生计划等支持，以提高人才培养质量和科技服务水平。企业则为学院提供资金、教学仪器、工程师资、实习和实训场所、大学生就业岗位等支持，从中得以获取源源不断的新鲜人才输入和研发成果。大学生更是借此平台激发了学习兴趣，获得了高质量教学资源，还得到了实习实践的培训和上岗就业机会。涉及的各个方面最终在服务产业的建设发展目标中都得到了发展，获得了效益。

全国教育大会后，我国高等教育更加注重内涵发展，高校围绕"四个面向"，加强协同创新，加大产学研用融合发展力度，并期望以此来不断提升自身的核心竞争力。因此，多元主体化的产教融合发展能够实现资源有效配置、科学理论知识的相互补充，高校服务创新驱动发展、贡献经济社会建设的能力得到不断提升。多元协同育人慢慢成为广大高校改革人才培养、服务地方建设、引领科技发展的必然选择，那么，现代产业学院也就因势而谋、顺势而生。梳理整个发展脉络，从复旦共识、天大行动、北京指南，再到川大会议，最后到教育部、工业和信息化部《建设指南》的出台，"四新"建设贯彻落实新的发展理念，紧密对接产业和企业发展需要调整优化学科专业，修订完善人才培养目标，不断创新人才培养模式，这些改革的思维起点就是围绕引领和支撑重点产业发展不断提高人才培养质量，是高校探索与实践新工科教育的重要举措。

（2）存在的问题

在多年的产业学院建设实践中，可见很多可圈可点的典型案例，但是不可否认地方高校目前仍然面临很多问题。主要有：

一是产教融合发展动力不足。有些地方高校一味关注热点，在行业企业的选择上定位不准，相应学科专业基础薄弱，比较优势显示度不高，不具备人才集聚和科研工作的相应水平，对区域重要产业，尤其是新业态的贡献度不高，概括来说就是产业链、创新链和教育链没有很好衔接。一旦行业以及企业无法从学院的建设中获取高素质的人才输入和高水平的技术研发和科技成果转化，其参与共建的兴趣就会降低，这样的话两个或者多个建设主体之间的合作就难以维系，产教融合也往往不能走得太远。通过调研发现，很多现代产业学院在建设发展过程中区域产业、教育和科技资源间的统筹协调不够，有的甚至难以为继、名存实亡，形成了大量的资源浪费。

二是人才培养模式改革困难重重。新时代教育评价改革深入推进，以本为本、四个回归，本科教学的各项规范和标准逐步完善，地方高校在学制学分设计上自主可把握的空间不大。比如，在人才培养方案中课程、学分和学时设置等也都有相应的框架要求，教学审核评估、专业评价等工作令常规难以打破，进而束缚了培养方案、课程体系、教学方式等方面的改革创新热情。另外，由于缺乏专门的法律法规和相关政策保障，且产业发展、企业生产经营都有自然规律，必然会带来高校教学与企业生产实践难以协同一致的情况。由此看到，"把理论知识与工程实践结合起来，把论文写在大地上，科研做在车间里"的产学研用融合的新时代教育教学改革还任重道远。

三是"双师双能型"师资力量薄弱。调查显示，来自高校内部转型发展的专业教师和来自企业以技术见长的实践导师作为现代产业学院师资队伍的主要构成,存在"两手抓两手都不硬"的尴尬处境。地方高校作为省管事业单位,教师引进、工作量考核、职称评聘等选人用人机制的规范性制度框架阻碍了校企人才间的双向良性互动。目前现代产业学院的双师型教师占比均偏低,真正双能型教师更为稀缺,进行产教融合的各项功能对接显得"有心无力"。一方面,来自企业的管理人员、职业经纪人和工程师等技术型人才到高校承担教学任务的制度体系还不完善,如果还是按照兼职外聘教师的做法,很难确保他们在时间和精力上的投入,这就无法保证教学的质量;而另一方面,在现有考评体系下,高校现有的专任教师往往还要面对来自科研或者教学方面的过多压力,深入企业基层锻炼、挂职的积极性不高。

(3)问题根源剖析

通过调查梳理发现,历经数年的产业化学院(产业学院)建设存在包括以上的诸多问题,在总结办学经验的同时,更要看到很多学院建设流于形式,对产教融合和地方产业的发展贡献极为有限。究其根本,可以认为存在以下两个关键性的深层次原因:

一是办学定位存在偏差。为了争取政策和资源红利,地方高校现代产业学院建设出现一哄而上的现象,难免存在学院功能定位不清晰、不精准、缺乏战略考虑等多种问题。就像前面问题反映的,现代产业学院建设陷入功能定位困境的原因在于学科专业实力和专业师资水平等办学条件的基础不牢,缺乏产教融合服务企业的核心能力。有的地方高校为了吸引眼球,追求芯片、信息技术、新能源、航空航天等高大上的东西,完全不考虑自身条件和服务能力,甚至仍然热衷于外延式发展,期待创造新的增长极,盲目创建现代产业学院,在功能定位和发展方向上模糊不清。有的地方对现代产业学院发展缺乏分区论证和统筹规划,对"双一流"建设学校、应用型本科、高职等院校未做分类发展、特色发展上的引导,大家围绕政策指向纷纷上马各种形式的现代产业学院，而且大多集中在人工智能、大数据、智能制造等热点领域，对人才培养目标的定位也脱离实际，引发了新一轮的同质化竞争，纯属"瞎折腾"。有的高校更是炒作概念，在原有二级学院的基础上简单整合挂牌成立现代产业学院，有其名而无其实，而且还造成了师生对上级战略安排和工作部署的误解。

二是办学模式有待探索。《建设指南》提出，创新管理方式，充分发挥高校与地方政府、行业协会、企业机构等双方或多方办学主体作用，探索"校企联合""校园联合"等多种合作办学模式。总结现有的情况，可以认为现今现代产业学院建设还处在探索初级阶段，诸如政府监管、学院的法律地位、学生权益保障、师资队伍建设、企业责任与权益等诸多现实问题，在试点先行、分批启动阶段，其法律环境还需进一步建立和完善。尤其是有些关键问题还需要进一步研究，比如是否给予独立的法人地位的问题、是否放开教育投资集团参与的问题、坚持办学公益性的问题等等。现代产业学院建设的投资往往较大，如果没有市场化的运行管理机制，其在实现人才培养功能的同时没有很好地发挥其他价值创造功能，不能为下阶段的持续发展创造经济价值和提供资源补充。另外，现代产业学院不同于校内普通院系，它具有多主体性且各主体的利益诉求是有差别的，也需要与时俱进地推动治理体系和治理能力现代化建设。

2. 地方高校现代产业学院建设内涵分析

在现代产业学院的起源及发展中我们已经谈到，回顾多年来的工作，我们发现了现代产业学院的共建主体发生了几个阶段性的变化。最初"产业化学院"的依托主体大多是职业技术院校，后来延伸到地方普通本科院校，尤其以应用型本科院校为主，现在《建设指南》提出面向行业特色鲜明、与产业联系紧密的高校。通过调研发现，自《建设指南》发布以来，多个省份陆续公布省级现代产业学院名单，包含各个层次多个类别的高校。比如，2021年2月20日湖南省人民政府官方网站公布的首批现代产业学院名单包括中南大学交通运输工程学院、湖南大学机器人学院、湖南师范大学生命科学学院、长沙理工大学智慧电力现代产业学院、怀化学院智能机器人与集成电路产业学院等16个单位。

可以认为，依托的高校主体不同，现代产业学院建设的内涵也应有所不同，尤其是目标定位和功能作用是不一样的。"双一流"大学、研究型大学要围绕国家重大战略注重基础理论研究，其工作应把握的关键问题是推动新技术和新产业高质量发展，提高核心技术水平；而地方所属高校更应强调深耕地方，面向重点产业，对所在区域的重点产业转型升级发展发挥人力资源和技术支撑。因此，依据《建设指南》，我们建议将地方高校现代产业学院建设目标进一步明确为：扎根所在区域，面向特色产业、支柱产业和战略性新兴产业，以校地企资源共享与合作共赢为目标，与地方政府、园区、行业或企业共同建设具有相对独立运行机制，集人才培养、科学技术、社会服务、学生创新创业等功能于一体的示范性人才培养实体。

具体内涵包括：

一是因地制宜谋发展。现代产业学院的建设发展不能千篇一律，更不能脱离自身实际。地方高校建设资源紧缺，应该在充分梳理、分析所属地方的重要性产业发展情况之后，服务当地创新驱动发展战略，精准对接产业发展和区域布局，明确现代产业学院的功能定位和发展方向。学院的生命力在于立足所在地区的特色行业和重点产业来开展办学活动，切实满足行业、产业和企业改革发展的各种真实需求。因为只有接地气，才有可能做大做强自身品牌，不断提高在行业内的话语权和影响力。换句话说，地方高校现代产业学院要具有独特、稳定、优质的个性面貌。对于应用型高校，更应通过办学组织创新加大企业急需、行业紧缺的应用型人才培养力度，提升应用科学研究能力。

二是坚持人才培养本位。现代产业学院作为多主体共同建设的综合体一般都具有多个方面的功能，但其核心角色是办学机构，培养社会紧缺的高质量人才是其首要任务，要牢记使命。在新办学体制下以现代产业及技术发展的最前沿成果反哺教学，科教融合发展，重新构架学科专业及课程体系，不断优化工程实践教学，全面深化教育教学改革，着力加强传统学科专业的内涵建设，大力开展"四新"建设。要坚持以产业需要为目标、多学科体系交互融合、引领和支撑重点产业发展的高水平人才培养体系，形成多方参与、多元协同的人才培养机制。现代产业学院不是追求利润的生产企业，也不是纯粹追求成果转化和技术转让的校企科研平台或机构，其组织制度创新的最大之处，是它在坚持教育性定位的前提下，更好地发挥技术研发、成果转让、社会服务和创新创业孵化等其他功能，不断注入强大的发展动力。地方高校在谋划现代产业学院时，不能"拍脑袋"盲目跟风，要坚持人才培养的本位，多从提升高素质人才培养的质量和效果的思维起点，论证建立学院的可行性与必要性，围绕这个中心任务规划落实政策措施体系。

三是构建多方参与发展模式。现代产业学院建设以产业发展为引领，政、校、行、企实现资源共享、责任共担、事务共管，形成多元主体协同育人的新模式，从而为可持续发展提供可能。多方参与主体要在充分沟通和相互包容的前提下，在现代产业学院的人才培养、教师引进、技术攻关、资源分配、管理模式等方面形成高度认同和统一的价值观。现代产业学院的设置既有虚拟的，也有实体的，这两种基本类型都是多方参与、高度认同的结果。但是学院建设既要杜绝"简单挂名"，又要坚守高等教育规律和公益性。从政府层面、企业层面、学校层面、学院层面都要积极做好制度建设，建立和完善产业引领发展机制、多元主体决策机制、深度融合发展机制、共赢共享共担运行机制等。

3. 地方高校现代产业学院建设路径

调查发现，现代产业学院的建设大体有两种形式：一是在原有二级学院的基础上申报新专业，统筹校内学科专业、师资和学生资源，加挂"产业学院"牌子，强化工作职能。二是联合校外资源全面建设新的实体学院。实践证明，不同的高校或者同一所高校内部不同的产业学院，其建设路径按照学科专业特点和发展水平会有所不同。《建设指南》明确了现代产业学院的指导思想、建设目标和建设原则，提出了七大建设任务。该案例在梳理多地多校建设经验的基础上，对"四新"建设的改革发展趋势做出研判，对地方高校如何突破传统路径依赖，落实建设任务，取得较好的办学成效提出意见和建议。

一是创新人才培养模式。面向产业转型发展和区域经济社会需求，以强化学生职业胜任力和持续发展能力为目标，以提高学生实践和创新能力为重点，深化产教深度融合、校企合作，创新人才培养方案、课程体系、方式方法、保障机制等。推进人才培养供给侧改革，将人才培养与行业企业要求结合，校内专任教师与企业能工巧匠结合，理论教学与实习实训结合，技术能力与创新创业能力发展结合，为产业体系发展提供高素质人才支撑。要吸纳相关业内专家、技术骨干参与人才培养方案制订。要充分利用行业企业资源大力开展大学生实践能力培养。要借助信息技术手段改进教学方式，提高教育效果。

二是提升专业建设质量。围绕所在地方经济社会发展的重点领域，分析自身与所在区域重点行业、产业对应的学科专业，打破传统的院系分离障碍，强化多学科多专业交叉融合发展，构建新时代高水平人才培养体系。加强结构优化和专业集群的资源整合，深化学科专业建设内涵，提升科技服务能力。根据产业链对人才的需求设置新工科专业，并且主动构建适合行业、企业深度参与的学科专业及课程体系，不断提高人才供给的质量。强化多元办学主体在学科专业方面的优质资源融合互补，充分发挥学院优势学科专业集群的示范辐射作用。

对该案例的简要分析：

这份案例是关于高等学历继续教育与现代产业学院共同致力于培养符合社会发展和产业需求的高素质人才，推动高校分类发展、特色发展的典型案例。该案例介绍了现代产业学院的起源及现状是起源于2017年《国务院办公厅关于深化产教融合的若干意见》，以及教育部、工业和信息化部发布《现代产业学院建设指南（试行）》，推动与地方政府、行业企业共建共管的现代产业学院。案例研究发现存在的问题总结为：产教融合发展动力不足，产业链、创新链和教育链衔接不充分。人才培养模式改革困难，存在制度和政策上的束缚。"双师双能型"师资力量薄弱，校企人才互动不足。案例剖析了问题根源：一是办学定位存在偏差，缺乏战略考虑和核心能力。二是办学模式有待探索，包括政府监管、学院法律地位、师资队伍建设等。该案例给出了地方高校现代产业学院建设内涵分析：依据《建设指南》，地方高校现代产业学院应扎根所在区域，面向特色产业，与地方政府、园区、行业或企业共同建设。其具体内涵可以归纳为：因地制宜谋发展，立足地区特色行业和重点产业。坚持人才培养本位，以产业需求为目标，构建高水平人才培养体系。构建多方参与发展模式，形成多元主体协同育人的新模式。该案例总结的建设路径为：创新人才培养模式，深化产教融合、校企合作。提升专业建设质量，构建高水平人才培养体系，强化学科专业建设内涵。该案例进行了翔实的调查与分析，得出全国范围内已有700多个现代产业学院挂牌成立或新建，并了解到浙江、广东、福建、江苏、湖南等省公布了省级示范学院遴选名单。这份案例详细阐述了现代产业学院的发展历程、存在的问题、建设内涵以及建议的建设路径，旨在为相关利益方提供参考，共同推动现代产业学院的发展。

评价与认识：

该案例显示了高等学历继续教育与现代产业学院在响应国家教育政策和推动教育创新方面的积极作为。通过与产业界的紧密结合，这些学院能够快速适应并服务于地方经济和产业发展的需求。案例强调了产教融合在培养应用型人才中的重要性。通过校企合作，现代产业学院能够提供更加贴合市场需求的教育和实践机会，增强学生的职业技能和创新能力。案例中对现代产业学院建设过程中存在的问题进行了准确的识别，如产教融合动力不足、人才培养模式改革困难、师资力量薄弱等，这为进一步的教育改革提供了明确的方向。案例对办学定位和模式进行了深入探讨，指出了办学定位的偏差和办学模式的探索性，这有助于高校在建设现代产业学院时更加精准地定位和规划。案例提出了现代产业学院建设的内涵，包括因地制宜谋发展、坚持人才培养本位、构建多方参与发展模式等，这些都是推动现代产业学院高质量发展的关键因素。案例为地方高校现代产业学院的建设提供了清晰的路径，包括创新人才培养模式和提升专业建设质量等，这些建议有助于高校在实际操作中避免盲目性，提高建设效率。案例强调了政府、高校、企业等多方协同合作的必要性，这有助于整合各方资源，形成教育合力，共同推动现代产业学院的建设和发展。通过案例分析，可以为其他高校或地区的现代产业学院建设提供参考和借鉴，具有一定的示范效应。案例中对现代产业学院的建设不是一成不变的，而是需要根据实际情况和反馈进行持续改进和优化。案例体现了现代产业学院在服务社会、促进地方经济发展中的积极作用，强调了高等教育的社会责任感和贡献度。

总体来说，该案例提供了一个关于高等学历继续教育与现代产业学院协同发展的全面视角，对于理解和推动相关教育改革具有重要的参考价值。

第三节 教训和经验案例分享

案例一：继续教育学生心理危机事件的成因及处置研究

本案例研究，以人的本质和人的全面发展理论及科学发展观与构建社会主义和谐社会的理论为指导理论，认真贯彻中共中央国务院《关于进一步加强和改进大学生思想政治教育的意见》和教育部《关于加强普通高等学校大学生心理健康教育工作的意见》精神，全面推进继续教育学生心理健康教育，通过继续教育学生心理危机事件的成因及处置研究，积极探索、正确把握继续教育学生的心理特点和规律，对继续教育学生进行正确的思想政治教育和管理，提升学生的人生境界，确立积极进取的人生态度，科学对待人生环境，为行为增添动力，促进继续教育学生心理健康水平的提高，进而确保继续教育学生的质量。

1. 本案例研究的基本观点和主要结论

（1）本案例研究的基本观点

20世纪80年代中期以来，伴随着高等教育体制改革不断深化，社会竞争加剧，心理健康教育的作用和地位愈益彰显，有关心理健康教育、心理咨询、心理卫生等方面研究成为理论研究中的热点。尽管研究成果纷呈，研究内容丰富，理论指导意义不断加强，但依然存在许多不足，如虽然已有研究选题广泛，但颇显零散，缺乏系统性研究；研究层次浅，重复度高，缺乏必要的创新和深度；相关理论的实践指导意义不强，导致大学生心理健康教育活动实效性较差。理论是实践的指南，没有理论基础的实践不是真正科学的实践，而一种成熟的理论也应最具实践意义。面对现代社会的飞速发展，高等教育领域的全面变革，心理健康教育工作必须增强其科学性、针对性、实效性和前瞻性，不断进行理论发展、完善和创新，保持教育的活力，在提高量的同时实现质的统一。

随着成人高等教育事业的蓬勃发展，成教学生的大量涌现，这是一个构成复杂的群体，由于特殊的背景和经历，使他们虽然与普通高校统招学生同处一校，但在理想目标、价值取向、求职心态等方面，都明显有别于统招学生。与后者相比，他们不同程度地存在一些心理障碍和问题，成教学生的心理问题也日渐成为各方关注的焦点。健康的心理是塑造继续教育学生优良思想品德的先决条件，是促进学生智力发展，提高心理素质的基础，继续教育学生心理危机事件的成因及处置研究并加以正确的引导可以预防学生精神疾病的发生，提高他们心理素质。

学生的心理特点与其全面发展有着密不可分的关系，正视成教学生群体的心理问题，是对他们进行教育和管理的前提。所以，本案例针对成人大学生心理特点的实际情况开展分析和研究，适应了社会发展的需要，将为我省成人高校的心理健康教育提供一定的指导和帮助，具有一定的创新性、较重要的理论意义和较强的研究价值。

①对继续教育学生心理危机事件的成因及处置研究是当代社会发展的需要

当代社会是人才竞争的社会，人才竞争的基础是心理素质的竞争，人才心理素质的优劣将会成为评价21世纪教育质量的重要指标，对心理健康问题的关注也往往是伴随着社会发展的进程而突显出来的。美国社会学家英格尔斯在《人的现代化》中指出："如果一个国家的人民缺乏一种能赋予这些制度之真实生命的广泛的心理基础，如果执行和运用着这些现代制度的人，自身还没有从心理、思想、态度和行为方式上都经历一个向现代化的转变，失败和畸形发展的悲剧是不可避免的"，"任何一个国家，如果不经历一种国民心理和行为向现代化的转变，仅仅依靠引进技术、经济基础或社会制度，都不可能真正实现现代化。"可见，心理健康不仅是一种心理状态，它更是社会现代化发展所需要的一种现代观念和现代能力。随着现代社会的发展，人们对生活质量的追求不断提高，心理健康作为一种现代观念深入人心。对于许多人来说，心理健康不仅仅意味着没有心理疾病，不仅仅预示着心理咨询或心理治疗，也不仅仅是一种健康指标，心理健康作为一种现代观念和能力在现代人的实际生活中发挥着重要作用。正是在这种背景下，我校在武志斌同志的主持下，对继续教育学生的心理健康问题进行了广泛的调查，经过调查研究发现我省继续教育学生心理健康状况不容乐观，并且目前现有研究中对普通大学生的研究较多，对继续教育学生心理特点的分析与研究较少，不能对高校继续教育学生开展心理健康教育提供很大的帮助。所以，本案例针对我省继续教育学生心理特点进行分析与研究，适应了当代社会发展的需要。

②对继续教育学生心理危机事件的成因及处置研究是当代继续教育学生心理健康发展的需要

大学生作为中国社会中文化层次高、发展潜能大的人群，一向被认为是年轻有为、积极乐观、健康向上的群体。然而，有报道称，1994年国家教委对全国126万名大学生进行抽样调查，其结果表明大学生心理疾患率高达20.23%。1999年10月全国第六届大学生心理咨询交流会资料显示：精神疾病患者和严重的心理障碍者占大学生总人数的0.7%，一般心理障碍即有轻度心理失调的占6%—7%，一般心理问题，主要是适应问题的占10%左右，三者加起来共计17%左右。据统计，大学生中因心理健康问题退学的人数占整个退学人数的30%左右，而且这一数字呈逐年递增趋势。时至今日，尽管国家相关部门、高校、社会各界人士对大学生心理健康问题予以高度重视和全面干预，但大学生群体的心理健康状况依然堪忧。

继续教育学生是当代大学生中的一大群体，他们在本地区、本部门的经济建设和社会发展中起着极其重要的作用，继续教育学生大学生自我期待值高，成长发展的愿望非常强烈。但由于其心理发展的特殊性，往往容易出现心理波动大、心理冲突多、心理承受力较差、心理问题发生率相对较高的现象。从某种意义上讲，继续教育学生产生一定的心理问题也正是他们想要有所作为，渴望有所成就所必须付出的一种代价。为了减少一些不必要的代价，不仅需要继续教育学生自己的努力，也需要社会各界给予他们更多的关怀和支持。虽然继续教育学生心理问题的产生绝非朝夕所致，心理健康问题的缓解需要社会各界的共同努力，但作为对继续教育学生心理健康领域直接干预的高校心理健康教育工作必然承载着不可推卸的重要职责，然而，继续教育学生心理危机事件的成因及处置研究在我省甚至在我国都很缺乏。因此说，开展继续教育学生心理危机事件的成因及处置研究，正是适应了继续教育学生心理健康发展的需要，将为继续教育学生心理健康教育提供一定的指导和帮助，具有一定的理论意义和较强的实用价值。

③对继续教育学生心理危机事件的成因及处置研究是心理健康教育不断深化的内在需要

继续教育学生是大学生群体的重要组成部分，我国大学生心理健康教育起步于20世纪80年代中期，从无到有、从少到多，在缓解学生心理冲突、优化学生心理素质、促进学生全面成长中发挥了积极的作用。然而，近年来屡屡发生的校园暴力、大学生自杀等事件，除再次引起人们对大学生心理健康的重视外，不得不使人们质疑当前大学生心理健康教育工作的实效性，从而对其进行全方位的反思，寻求进一步发展完善和提高。

影响大学生心理健康教育实效性的因素可大致归结为两个方面，一是来自大学生心理健康教育系统自身的因素；二是来自心理健康教育系统外社会环境因素。那么，从完善大学生心理健康教育系统自身来提高教育实效性，确立心理健康教育在高校的重要地位，应是谋求大学生心理健康教育发展的着力点。首先，大学生心理健康教育理念有待进一步发展。教育是为了发展，大学生心理健康教育也是为了促进大学生心理素质的全面提高。然而就目前状况看，我国大学生心理健康教育在相当程度上还停留于重调适性心理咨询而轻发展性心理健康教育的层面上。一些学校把心理健康教育的重点放在少数学生心理问题的咨询与治疗上，忽视了对多数学生的心理关怀，新的甚至同样的问题仍然不断出现。同时，鉴于大学生的特定身份，时代对大学生心理健康的要求不仅是没有心理问题，而是要有更加良好的心理品质，以促进其潜能开发与价值实现。因此，高校心理健康教育应以积极的人性观为指导，以学生的成长发展为中心，确立以人为本的发展性教育理念。发展才是最好的预防。其次，大学生心理健康教育内容有待进一步发展。时代发展，社会变革，当代大学生的心理特点及所产生的心理问题也在悄然发生着新的变化。因此，以大学生心理特征、心理现象为对象的大学生心理健康教育也应做出新的转换。再次，大学生心理健康教育方式有待进一步发展。在信息技术高度发展的今天，现代化科学技术正在很大层面上改变着人们的传统生活方式，大学生心理健康教育要想跟上时代发展也必然将在教育方式、教育手段方面渗入现代技术的力量，一方面有利于更好地贴近大学生现实生活，把握学生动态并及时干预，另一方面，科技力量的引入将使心理健康教育工作获得相当的改善。面对新世纪、新情况、新问题，在已有基础上进一步发展对继续教育学生心理危机事件的成因及处置研究是心理健康教育不断深化的内在需要。

④对继续教育学生心理危机事件的成因及处置研究是保障高校稳定发展的需要

随着高等教育由精英化向大众化过渡，成人高等教育的作用和地位越来越重要。随着学生的增多，不稳定因素时有发生，造成了不利影响。

一是网络负面影响。随着网络的迅猛发展，网络综合征的阴影在高校中悄然扩散。与普招学生有所不同，在成教学生中有不少是来自各种工作岗位的青年，现实中关系复杂，丰富的情感流露受到障碍，网络交流广泛、隐匿，契合学生袒露情感又惧怕受伤的心理，更多的学生开始由心理上对网络的归属感和依赖感延展到对现实的厌倦与冷漠，自我封闭和网络双重性格的形成在所难免。强烈的交往欲望促使迷恋于网络虚拟世界的沟通方式在一定程度上影响了他们在现实社会中的表达和沟通能力。网络高度的开放性和兼容性在带来知识和便捷的同时，也充斥了思想颓废甚至反动的内容和论调，而成教学生一部分正处于人生观和价值观尚未定型的重要转折阶段，对事物的辨别力和判断力不足，心理上对新奇事物强烈的猎奇欲，极易导致他们自身意识形态受网络异样不健康信息的侵蚀。

二是诚信缺失。主要表现有：考试作弊、抄袭作业、剽窃文章等。封建历史一直影响着人们的思维、行为方式。"见什么人说什么话""老实人吃亏"等俗语，导致人们在潜意识中诚信意识的缺失。现实中失信者因失信行为而付出的代价偏低，诚实守信的基本道德规范被物质化、功利化。种种消极现象腐蚀着学生的灵魂，导致了诚信的滑坡。重理论轻实践、重灌输轻引导的做法与在评价机制上重知轻德的现象，造成"老实人吃亏"的后果。体制上的不完善也给学生不守信以可乘之机。成教学生大部分是普通高考中落榜的学生，他们任性好玩、辨别能力差，不注意加强自身的道德修养，放弃了对自己的严格要求。

三是学生心理健康问题日益突出，既有教育的问题，也有家庭、社会因素对学生的影响。人际关系敏感，不能正确处理人与社会的相互关系，在人群中感到不自在，与人相处时有戒备、怀疑和嫉妒心理，在人际关系上存在种种困惑，与老师同学关系紧张。存在敌意倾向，不能抑制自己的冲动，常为一些小事与人争吵、打架，甚至动刀动棒。时常忧郁，对生活迷茫，进取心不强，心境苦闷，生活兴趣减退，感到悲观。有自卑感，对自己不满意、鄙视、否定自己的情感，缺乏自信，自惭形秽，行动上畏缩不前，不敢抛头露面，不敢展示和表现自己的长处。生活懒散，不能按自己意愿行事是常见的人格缺陷。懒散影响学习效率、进取精神，使其陷入颓废混沌状态，不满现状又不去改变，常怀羞愧后悔之心，每日生活在无奈、自责之中。懒散是意志薄弱的表现。

四是"就业难"，"就业难"概括了大学生就业的总体形势，对想通过继续教育达到就业或重新择业的学生更为突出，这成为高校最重要的不稳定因素。难在人数大增，普招扩招及继续教育学生增加，毕业生逐年增加，在供大于求的情况下，就业形势严峻，对继续教育学生压力更大。难在寻找过程，这是从 "统一分配"转为"自主择业"的必然结果。通过市场配置劳动力，让大学生找到合适的单位，让单位找到合适的人，双方都需要花费时间和钱财。难在自身定位，定位不准，理想与现实脱节，自信过度、眼高手低、期望值高，缺乏正确的价值观。难在准备不足，对工作没有准备，对企业认识不够，角色转换意识不强。产生焦虑、盲从、依赖等心理问题。

随着社会发展，改革深入，高校成人高等教育将体现出它的和谐气氛、凝聚功能、导向功能、激励功能，而不稳定因素的存在也就成了阻碍和谐校园的绊脚石。要挪开这些绊脚石需要对继续教育学生心理危机事件的成因及处置研究，这将是保障高校稳定发展的现实需要。

（2）本案例研究的主要结论

随着我国高等教育逐步迈入大众化阶段，终身教育和终身学习的观念日益为人们所接受，成人高等教育作为我国高等教育体系中的重要组成部分在我国终身教育体系中的作用和地位越来越突出，为社会输送了大批既具专业能力又不乏理论素养的合格人才。继续教育学生与普通高校学生有着相同的理想和追求，但由于他们特殊的身份和经历，又表现出了不同的心态和特点。因此，正确地把握继续教育学生的心理特点和规律，是对他们进行正确教育和管理的前提，也是保证继续教育学生质量的必要条件。正是在这种背景下，由我校武志斌同志主持，向沈阳工业大学党委学生工作部提出立项申请并被批准立项，针对继续教育学生心理特点的实际情况开展调查研究，适应了社会发展的需要，为继续教育学生的心理健康教育提供一定的指导和帮助，具有一定的创新性、较重要的理论意义和较强的实用价值。

调查研究对象为继续教育学生，主要调查研究了沈阳工业大学继续教育学院、东北大学继续教育学院、辽宁大学继续教育学院、沈阳化工大学继续教育学院等几个具有代表性的大学，共发放调查问卷400份，收回有效问卷368份，回收率92%，心灵导航网在线测试300人。调查人数共668人，其中男生351人，女生317人。调查研究对象在专业指导教师指导下独立完成调查。问卷采用无记名形式，使用同一解释语，学生填写后，进行数据整理和数据统计，网络在线测试采用随机时间、随机地点调查研究对象上网自行测试形式，后台进行数据统计。调查问卷及网上调查测试均采用SCL-90精神症状自评量表。采用5级评分制（0=没有，1=很轻，2=中度，3=偏重，4=严重），应用SPSS11.5进行统计比较分析调查研究对象特点。

得出以下几个主要结论：

①继续教育学生群体心理健康水平偏低，但未达到心理病态的地步

通过SCL-90测试中9个因子的均分情况，按照症状表现程度不等，由重到轻表现为：强迫症状〉偏执〉人际关系〉抑郁〉焦虑〉躯体化〉敌对〉精神病性〉恐惧，继续教育学生群体心理健康水平偏低，但未达到心理病态的地步。继续教育学生心理问题检出率：

表4 成人教育学生SCL-90量表因子分构成比

检验项目	心理异常（z>1.5）		心理严重异常（z>2）	
	人数	百分比	人数	百分比
躯体化	181	27.12%	56	8.35%
强迫症状	306	45.88%	94	14.12%
人际关系	212	31.76%	71	10.59%
抑郁	190	28.40%	55	8.24%
焦虑	189	28.24%	75	11.18%
敌对	164	24.56%	52	7.71%
恐怖	102	15.24%	36	5.38%
偏执	236	35.29%	86	12.88%
精神病性	157	23.53%	64	9.53%

从上表可以看出，九个因子中，在强迫症状、偏执、人际关系、抑郁和焦虑等五个因子上出现心理问题的继续教育学生较多。有384人至少一个因子高于1.5分，即有各种轻度的不良反应，占调查总人数57.49%。有137人至少一个因子高于2分，占调查总人数20.51%，即可能存在中度或中度以上的心理问题。

与SCL-90症状自评量表成人常模表比较：

表5 成人教育学生与常模的总体阳性反应比较(x±SD)

项目	成人教育学生（n=668）	常模（n=1388）	显著性水平a
SCL总分	138.81±35.62	129.96±38.76	<0.01
总症状指数	1.59±0.45	1.44±0.43	<0.01
阳性项目数	55.74±8.35	24.92±18.41	<0.01

将本研究数据与成人常模表比较，继续教育学生SCL总分、总症状指数、阳性项目数均高于普通群体，并且达到了显著性水平。

表6 成人教育学生SCL–90量表因子分与常模比较（X±SD）

检验项目	常模	成人教育学生	显著性水平a
躯体化	1.37±0.48	1.49±0.43	<0.01
强迫症状	1.62±0.58	1.86±0.44	<0.01
人际关系	1.65±0.61	1.75±0.42	<0.01
抑郁	1.5±0.59	1.68±0.47	<0.01
焦虑	1.39±0.43	1.51±0.38	<0.01
敌对	1.46±0.55	1.48±0.51	<0.01
恐怖	1.23±0.41	1.33±0.54	<0.01
偏执	1.43±0.57	1.79±0.41	<0.01
精神病性	1.29±0.42	1.42±0.45	<0.01

将本研究数据各因子分与成人常模表比较，在被测试的9个因子上的均分都高于常模，并均呈现显著性水平，说明继续教育学生心理健康状况不容乐观。其中9个因子的均分不等，按照症状表现程度不等，由重到轻表现为：强迫症状〉偏执〉人际关系〉抑郁〉焦虑〉躯体化〉敌对〉精神病性〉恐惧，这说明：与常人相比，继续教育学生表现出明显的不自信，做事明知没有必要，但又无法摆脱无意义的思想、冲动和行为，做事反复检查以保证做得正确，多疑敏感、固执、不安全感和过分地以自我为中心，不能正确认识自己，人际关系较差，在人际交往中表现出明显的自卑感，时常感到苦闷、失望、悲观，做事缺乏动力，对学习、活动兴趣减退，感觉前途没有希望，自己没有价值。辽宁省继续教育学生在SCL—90总分、总症状指数、阳性项目数，以及躯体化、强迫症状、人际关系敏

感、忧郁、焦虑、敌意、恐怖、偏执、精神病等症状因子上的得分高于国内常模，说明继续教育学生群体心理健康水平偏低，但未达到心理病态的地步。分析原因，继续教育学生是一个特殊的群体，他们的人员结构相对复杂，多是在职人员，随着社会的高速发展，以及市场经济的不断完善，激烈竞争给继续教育学生带来学习、生活、工作等多方面压力，所有这些压力在一定程度上决定他们自身的心理特点，导致继续教育学生中的心理问题的检出率较高。

②女性的心理健康状况较男性差

通过性别差异的检验发现女性的人际关系、焦虑、偏执等较为明显高于男性，男性的敌对因子分较为明显高于女性。在其他因子上，男女之间没有显著性差异。总均分方面，女性高于男性，说明女性的心理健康状况较男性差。SCL-90量表因子分的性别差异：

表7　成人教育学生SCL-90量表因子分性别比较（x±SD）

检验项目	男	女	显著性水平a
躯体化	1.50±0.45	1.48±0.41	>0.01
强迫症状	1.83±0.42	1.89±0.46	<0.01
人际关系	1.69±0.39	1.81±0.45	<0.01
抑郁	1.7±0.46	1.66±0.48	>0.01
焦虑	1.49±0.39	1.53±0.37	<0.01
敌对	1.54±0.55	1.42±0.47	<0.01
恐怖	1.32±0.55	1.34+0.53	<0.01
偏执	1.75±0.36	1.83±0.46	<0.01
精神病性	1.41±0.42	1.43±0.48	>0.01
均分	1.58±0.44	1.6±0.46	<0.01

从表中的数据可以看出性别差异的9个因子分情况，总均分方面，女性高于男性，说明女性的心理健康状况较男性差。在SCL—90各因子分中女性的人际关系、焦虑、偏执等较为明显高于男性，男性的敌对因子分较为明显高于女性。在其他因子上，男女之间没有显著性差异，总均分方面，女性高于男性，说明女性的心理健康状况较男性差。

③继续教育学生的心理健康教育应成为继续教育学生思想政治教育工作的基础

继续教育学生思想政治教育工作从一定意义上说，是调动人的积极性的工作，它的成效在于服务方法、服务水平、服务态度和服务质量。以心理健康教育为基础，确立以人为本的思想，把关心学生、尊重学生、激励学生作为工作的出发点和落脚点，应成为工作基本思想观念和方法。

继续教育学生思想政治教育工作要讲究"笨功夫"＋"巧心思"，著名数学家华罗庚曾说过："埋头苦干是第一，发白才知智叟呆，勤能补拙是良训，一分辛苦一分才。"埋头苦干、肯下笨功夫，这在工作中是很好的品质，也是一个优秀思政工作者的基本功。

成人高等教育学生较多，组成复杂，所以继续教育学生思想政治工作和学生管理都有相当的难度。为了做好成人学生的思政工作，就需要认真查看学生入学档案，做好学生的谈心工作，切实了解学生心理特点，扎扎实实下"笨功夫"。认真查看学生入学档案，能最快了解学生的以往情况。谈心工作是高校思想政治教育工作的主要行为之一，对大学生的健康成长有着重要的意义。做人的思想工作，首先就要打好基础，对工作对象了如指掌，这些"笨功夫"是基础，绝对不可忽视。

要把工作做好，光下"笨功夫"是不够的，还要和"巧心思"结合起来。所谓"巧心思"不是投机取巧，而是懂规律、有方法。例如谈心工作，在确定了谈心对象后，首先要做的事就是掌握学生的资料，在对学生进行基本了解的基础上，因材施教地选择、制定有针对性的谈话方案。在这个过程中，可以借鉴经典案例，结合自己的经验，制定相应的对策，做到对学生的心理特点、思想动态心中有数，要"备"好话题，"备"好步骤，先谈什么内容，后谈什么内容，怎样引入主题，谈心过程中会出现什么情况，出现问题如何对待，出现争执怎么调解，最后怎样收场，都要做到胸有成竹。这样既舍得下"笨功夫"把基础打牢，又懂得巧干，那么做继续教育学生工作，基本能成功。

继续教育学生思想政治教育工作要往"多处"想、"新处"想、"深处"想，做学生思政工作，时常会遇到困难，觉得难和烦，觉得效果不明显，做不下去，这往往是进入了一个思维的误区：问题只有一个，办法自然也就只有一个。其实问题再怎么变来变去，也只有一个，而解决问题的方法，却有千万条。思维越用越活，越用越有，遇到问题可以往"多处想"，参考别人遇到相似问题的处理办法或者请同事等一起研究，集思广益，扩展自己工作思路，只要多想，总会有解决办法。往"新处想"就要勇于打破思维惯性，另辟蹊径，善于创新，很快也会找到问题的突破口，最终解决问题。往"深处想"，就会把思路聚焦在问题的根源上，就会容易找到解决问题的钥匙。

继续教育学生思想政治教育工作要从掌握青年学生心理做起，做好继续教育学生思想政治教育工作，不仅需要研究学生思想活动的新情况和新特点，而且需要研究学生心理活动的规律和特点。

研究学生心理可以增强思想政治工作的科学性、指导性。心理学是研究人们心理活动及其规律的科学。思想政治工作的客体是人。思想政治工作是依据人们的思想活动规律进行的，而人们的思想活动规律又受制于心理的活动规律。运用心理学知识做思想政治工作，可以准确地识别工作对象在各种矛盾支配下所表现出的认知、情感、意志、态度等心理反应，从而确立科学的工作策略和工作方法。

心理学知识可以增强思想政治工作的预见性、针对性和实效性。最有效的思想工作就是把工作做到对方的心坎上，引起对方的共鸣，这就需要了解和掌握对方的心理。运用心理学知识，研究工作对象的心理状态和心理特点，可以掌握对方的心理活动规律和思想状况，及时抓住其思想和行为苗头，增强思想政治工作的预见性和主动性；掌握了其心理活动规律和思想状态后，引导和控制其行为，就提高了思想政治工作的针对性；在思想政治工作中运用心理学中的心理引导、心理威慑、心理相容等一系列原理和方法，又能更好地引导和控制对方的意志和行为，以达到使其转化的目的，从而增强了思想政治工作的实效性。

2. 本案例研究的主要特色与创新之处

（1）对继续教育学生心理危机事件的成因及处置研究的进一步深化

对继续教育学生心理危机事件的成因及处置研究的进一步深化。尽管有关大学生心理健康方面的研究成果极其丰富，但本项案例研究以继续教育学生心理特点分析为视角，对以我省继续教育学生为代表的继续教育学生心理健康教育的发展做了未来展望。

（2）独特的分析研究策略

对心理特点的分析和研究来说，尽管有通用的分析与研究方式，但是每种方式都有与之相应的独特的分析研究策略。学生的心理特点分析和研究要与其不同的家庭环境、社会环境、教育环境相适应，才能体现分析与研究真正的价值。本研究采用调查法、观察法、实验法、数理统计法和网络在线心理测验法等多种方法，进行分析研究，这在以往的研究成果范围内还是第一次。

（3）深入探讨继续教育学生思想政治教育与心理健康教育的内在联系

对继续教育学生心理危机事件的成因及处置研究与高校继续教育学生

思想政治教育关系研究的进一步丰富和拓展。根据国家教育政策文件精神，学生心理健康教育是新形势下高校思想政治教育的重要内容和有效拓展，而我国大学生心理健康教育的创立和发展时刻也离不开高校思想政治教育的支持与促进。本项目以继续教育学生心理危机事件的成因及处置研究为依托，探讨继续教育学生思想政治教育与心理健康教育的内在联系，并推进二者在理论与实践方面的相互借鉴和结合，力求在该领域做进一步丰富和拓展。

3. 本案例研究的突破性进展

（1）理论上的新观点

①确立以人为本是继续教育学生心理危机事件的成因及处置研究的必然选择

继续教育学生心理健康的内涵、对象、目的、功能等要素内在地决定了分析、研究继续教育学生的心理特点必然坚持以人为本的教育理念。人是教育的中心，也是教育的目的，人是教育的基础，也是教育的根本，这是现代教育的基本价值取向。坚持以人为本的教育理念，就需要我们沉思继续教育学生的当下存在，理解他们的现实处境，就需要我们尊重学生的个性人格和主体地位。

②对继续教育学生心理危机事件的成因及处置研究，掌握学生心理应成为学生管理和思想政治教育工作基本思想观念和方法

学生思想政治教育工作从一定意义上说，是调动人的积极性的工作，它的成效在于服务方法、服务水平、服务态度和服务质量。用科学有效的方法，认真对继续教育学生的心理特点进行分析与研究，确立以人为本的思想，把关心学生、尊重学生、激励学生作为工作的出发点和落脚点，应成为工作基本思想观念和方法。

（2）实践中的新举措

①建立继续教育学生心理档案

学生心理档案是学生心理特点变化历程的真实记录，在心理健康教育工作过程中建立继续教育学生心理档案，是为发挥心理危机干预功能，全面提高继续教育学生心理素质而为学生建立起来的一系列心理方面的材料的总和，能包括学生心理方面的全面记录和指标以及影响学生心理健康的一系列外在因素的记录。

②重点排查，对症状明显学生进行深入分析研究

重点排查心理障碍、生理疾患、家庭变故、违规违纪、情感挫折和有异常心理或行为表现的特殊学生。对排查出来的学生，通过观察法、心理测验法等科学方法进行分析，利用数理统计法分析研究影响这部分学生心理的主要原因，对应提出帮教转化措施，并建立帮教转化情况档案。

③与思想政治教育相结合建立配套评价与跟踪体系

思想政治教育中心理学原理和知识的运用对提高高校思想政治教育工作的实效性有着积极的作用。心理特点的分析与研究运用到思想政治教育工作当中，建立配套评价与跟踪体系，将增强思想政治教育的科学性、预见性和针对性，促进高校思想政治教育工作的进一步完善和发展。

4. 本案例研究中存在的问题与今后的研究设想

开展继续教育学生心理危机事件的成因及处置研究，应该说取得了可喜的成果，为高校继续教育学生的管理与思想政治教育工作顺利、深入开展起到很好作用。但是，还有许多问题需要认真思考和解决。

本案例研究中存在的问题

①管理人员和教师的认识仍需提高

做成一件事情，认识是很重要的。目前，一些从事继续教育工作的管理人员和教师总认为对继续教育学生心理特点的分析与研究费时、费力，

显得多余，认为对继续教育学生的管理只要按部就班就可以。这是对继续教育学生心理危机事件的成因及处置研究的一大障碍。在高校继续教育系统实施心理特点分析与研究，乃至心理健康教育可以说是一件新生事物，需要高校从事继续教育的管理人员和教师对此提高认识，充分看到掌握学生心理对继续教育学生的管理和思想政治教育工作产生的深远影响和重要意义。只有统一思想，形成共识，才有可能把继续教育学生心理危机事件的成因及处置研究进行下去，并不断取得新的成就。

②学生管理干部队伍心理学知识能力仍需提高

高校学生管理干部队伍是学校学生管理工作的重要组成部分，学生干部的教育管理工作与心理学有着十分密切的关系。心理学是研究人的心理活动及其规律的科学，而学生教育管理更多的是根据学生所处的社会环境研究人的表现及其背后的心理特点、心理因素和思想动态。心理学提供了了解人的思想产生及其变化过来的钥匙，可以运用心理学的理论观察人，可以从一个人的外在表现了解他的内在动机，寻找他产生思想问题的根源，也可以首先了解一个人的需要，进而预测他的行为，找准思想苗头，把思想工作做在前，增强工作的预见性，把握工作的主动性。现实问题是大多数学生管理干部心理学知识匮乏，需要得到提高，以便建立一支思想素质过硬、业务能力过硬的高水平学生管理队伍。

该案例的评价与认识：

通过案例一的研究显示，继续教育学生群体普遍存在心理健康水平偏低的问题。通过开展心理健康教育，高校能够有效提升学生的心理承受能力和适应能力，减少心理问题的发生。心理健康教育的实施，不仅有助于学生个人的成长和发展，也为高校创造了一个更加和谐稳定的学习环境。

案例二：继续教育学院大学生创业教育研究

创业教育研究最早在美国兴起。目前，美国关于创业教育的研究仍处于领先地位，其研究内容主要体现在创业教育的含义、重要性、课程设计与教育方法以及对大学生创业教育的评估与未来发展等方面。我国的创业教育研究起步于20世纪90年代，早期主要集中在教育学界，而对大学生创业教育的研究开始于90年代末。在1999年1月公布的《面向21世纪教育振兴计划》中提到要"加强对教师和学生的创业教育，鼓励他们自主创办高新技术企业"。2002年4月，教育部开始启动创业教育试点工作。目前对大学生创业教育研究就内容来说可分为：对创业教育的作用与意义的论述；对创业教育进行国际比较；对创业教育模式进行研究；围绕实施创业教育的具体方法与途径所进行的研究；对创业教育探索中出现的问题所进行的反思等，总体来说还处于萌芽阶段。党的十七大报告提出"实施扩大就业的发展战略，促进以创业带动就业"。为此，在新形势下加强大学生创业教育，构建中国特色大学生创业教育模式是时代赋予的新任务和使命。

1. 本案例研究的基本观点和主要结论

（1）本案例研究的基本观点

本案例研究在于了解继续教育学院大学生创业教育的总体现状，分析继续教育学院大学生创业的主要问题并分析影响其发展的主要因素。在此基础上，借鉴国内外大学生创业教育经验，提出继续教育学院大学生创业教育的基本思路，为继续教育学院大学生创业教育的开展提供借鉴与参考。本研究在对沈阳工业大学继续教育学院大学生创业教育实证调查的基础上，描述创业教育的实施现状，分析其存在的问题。学院团委将注重如何以创业计划大赛为辐射源，以点带面，对成人教育学生实施创业教育进行探索。本研究是在沈阳工业大学积极探索创业教育新模式的形势下进行的，以期为沈阳工业大学的创业教育提供依据和建议，具有现实意义。

①学生创业教育及创业素质的内涵

学生创业教育是通过高校课程体系、教学内容、教学方法的改革以及第二课堂活动的开展不断增强学生的创业意识、创业精神和创业能力，并将其内化成自身的素质，以催生时机成熟条件下的创业人才。创业素质是一种综合性的素质，包含以下几个方面：A. 有关创业的知识和经验。深厚而广博的知识积累是创业的基础。创业教育必须依赖知识教育和专业教育，不能脱离知识教育和专业教育而孤立地进行。B. 良好的心理素质。良好的心理素质是创业成功必须具备的基本素质。C. 创业的人格品质。创业的人格品质是一个人创业素质中的调节系统。人格品质是多层次、多侧面的，主要包括潜能、气质、性格、动机、兴趣、理想和信念等，这些素质共同影响着人的实际行动和成效。D. 创业的技能或行动能力。即在一定的环境和条件下，能够将自己所掌握的知识外化为创造力，将自己头脑中的思想、创意和灵感转化为现实的科技发明成果和现实产品。总的来说，创业素质是一种包括知识和经验、良好的心理素质和人格品质、创业的技能或行动能力在内的复杂结构。

②继续教育学院成人学员创业素质现状主要表现

从思想状况看，存在对创业教育认识不统一、不到位现象；创业心理不成熟，对市场经济规则、模式还不熟悉，缺乏风险和竞争意识；非常缺乏创业所必须具备的有关知识、创业相关政策法规、创业相关理论（如职业、经营管理、投资等）等；创业意识比较强，而且有过实习经历或工作经验的成人学员自我创业愿望更加强烈；在一定的环境和条件下，成人学员将自己所掌握的知识外化为创造力，将自己头脑中的思想、创意和灵感转化为现实的科技发明成果和现实产品的能力需要提高。

③继续教育学院成人学员创业素质现状形成的因素

对创业教育的认识存在误区，一种情况认为只有高科技、高资本才能创业，另一种情况认为创业是下岗工人等不得已而为之的事情；相对欧美一些国家长期以来对创业教育的重视程度，我国高校的创业教育比较落后，在一定程度上还处于初级阶段，对创业教育的内涵还缺乏深刻的认识，没有真正把创业教育的开展同提高学员知识、能力、素质和个性化培养有机结合起来；创业教育对师资的要求相对较高，既要求他们具备一定的理论知识，又要求有一定的创业经验，但兼备这两种素质的师资相对较少；创业教育课程设置存在一定问题，目前尚未统一、科学的创业教育教材，没有形成课程体系；创业教育普遍没有被纳入高校育人体系，缺乏有效的实施机构，导致创业教育不能系统、持续、全面地组织实施；各种社会配套服务体系难以整合，创业优惠政策缺乏整体性，操作起来程序烦琐，导致难以落到实处。

（2）本案例研究的主要结论

当前学生就业难现象日渐成为全社会普遍关注的问题。加强创业教育是一项富有积极意义的重要活动。而继续教育学院成人学员因其大多具有一定的工作经历和社会经验，本身蕴含着较为丰富的自主创业热情和较充实的创业基础与条件，在创业教育方面的要求更为迫切，与普通高校学生相比更加需要加强创业教育。本案例以继续教育学院成人学员作为创业教育的主体，主要研究对象是第一层次的创业教育，即培养创业素质的教育。以创造性和开创性为基本内涵，以课程教学与实践活动为主要载体，以开发和提高创业主体综合素质为最终目标，培养其未来从事创业实践活动所必备的知识、能力和心理品质等的素质，对推动继续教育学院学生的创业教育具有十分重要的意义。

调查研究对象为以沈阳工业大学继续教育学院成人学员为主的辽宁省内继续教育类学员。为了准确了解当前继续教育学院成人学员的创业情况，我们于2011年5月到2011年7月进行了较大规模的问卷调查，共发放问卷500份，收回有效问卷451份，回收率90.2%。问卷采用无记名形式，使用同一解释语，学员填写后，进行数据整理和数据统计；利用案例分析，通过对一个具体情景的描述，引导学生就其中存在的问题进行讨论，以此培养学员的创造力和解决问题的能力；通过模拟情景教学法，将企业的创业活动或模拟的企业创业活动展现在学员面前，使学员身临其境并进入角色，真正站在企业创业者的角度思考问题，针对企业面临的问题提出解决方案；确立典型跟踪调查法，成立虚拟创业机构，由学员分组成立若干"企业"，每个"企业"的不同职能部门由不同的学员来担任经理，在市场环境下进行若干年度的模拟创业活动，学员在"企业"的创业活动中完成体验式学习，进而跟踪调查；采用文献分析法，对既得数据材料、文献资料进行分析对比研究。

得出以下几个主要结论：

①提高认识，树立正确的创业教育观念

创业教育是适应经济社会发展和高等教育自身发展需要应运而生的教育理念，其所具有的重大战略意义和教育价值，已经被高校广泛关注和逐步认同。从广义上讲，创业教育在内涵上已经远远超出了创办企业的含义，创业教育可以从一个人的发展早期开始，贯穿整个成长阶段，旨在培养学员创业意识、创业精神和创业能力，为适应未来不断变化发展的世界做准备。从狭义上讲，是通过针对性地培养和训练，使学员增强对创业和企业成长过程的了解和见识，形成创业意识，从而将创业作为未来职业的一种选择，培养学员创办企业的能力。要理解创业教育，关键是解决好三个层面的问题：一是要培养怎样的人才。即创业教育培养的人才应具备哪些素质，这些素质应该有特殊性，区别于其他形式的教育所培养出来的人才；二是要培养哪些人。即创业教育的受众范围，创业教育是大众教育还是精英教育；三是要怎样培养人。即创业教育要怎样展开，创业教育的内容是什么。

②加强创业教育课程体系的构建

创业教育课程的完整体系应包含课程目标体系、课程内容体系、课程结构体系以及课程保障体系。根据继续教育类学员本身的特点，继续教育学院创业教育的课程目标是提高学员创业的综合素质，核心是提高学员的创业能力和创业素质，进一步开发学员的创业潜能。通过技能训练、知识教育，使学员具有创业者的心理素质和人格特征，提高学员的自我实践和创业能力。创业教育课程的内容要紧紧围绕课程目标设定，应包含创业知识教育、创业能力培养等方面。创业教育课程结构体系应以重视学员全面创业素质的提高，使学员获取较高的自我创业能力为中心思想来建立，结构体系中应包含学科课程、实践课程和必要的隐性课程。学科课程分为必修课、选修课等，实践课程分为校内和校外实践课程，隐性课程指的是没有列入教学计划，但间接影响学生身心发展的一切校园文化要素的统称。创业课程保障体系是确保创业教育课程体系正常良好运作的关键，需要学校、企业、政府等方面的大力合作。在学校方面，建立专业化的创业教育师资队伍，加强师资队伍建设和建立行之有效的创业教育管理机构，加强创业教育的规范化管理将为课程的有效实施提供保障。

③实现从标准化培养到个性化培养的观念更新

当今世界正向多极化快速发展，经济结构和社会分工日趋复杂，创业教育需要个性化教育，形成特色，并根据需要不断发展。在继续教育类成人学员中，一些是高中毕业后未能考取普通高校，而寄希望于通过继续教育获得学历的年轻学生，他们希望通过继续教育弥补学历的不足，取得真才实学，并学以致用。另一部分是有一定的工作经历，具有丰富的实践经验和社会经验，较强的理解能力与分析概括能力的在职人员，他们会更多地利用已有的知识来理解、学习新的知识。他们当中甚至有一些是已经大学毕业，但是由于专业不对口或为了进一步更新知识而参加学习的。创业教育要面向全体学员，以尊重学员个体差异和专业差异为原则，对学员实施不同层次和不同类别的创业教育，因为，只有树立个性意识，才能在创业道路上保持特色，越走越好。

④加强创业心理素质辅导，完善学员创业人格教育

创业心理素质概念的界定，应以素质教育理论中素质概念的界定为基点和起点。所谓创业心理素质是指在人的心理素质的基础上，在创业环境和创业教育的影响下形成和发展起来的，在创业实践活动中全面地、较稳固地表现出来并发挥作用的身心组织要素、结构及其质量水平。学员良好的创业心理素质一般包括强烈的创业意识、良好的创业品质和较强的心理调适能力。学员良好创业心理素质的欠缺是导致创业难、成功率低的重要原因。加强成人学员创业心理素质辅导是创业教育中的重要环节，加强心理素质辅导可以促进学员良好创业人格的养成，并促使其成为创业型人才走向社会。

⑤发挥和增强党团组织在成人学员创业教育中作用

发挥和增强党团组织在成人学员创业教育中战斗堡垒作用是保持社会主义方向的需要。从党组织抓团组织及学生团体建设，为创业教育提供支持和保障。通过选取适当的载体和实践活动来推进成人学院创业教育，无论是创业计划大赛、课程的建设、师资的培训、与金融机构的合作还是成人学员创业的其他各种服务，党团组织都将起到其他机构无法比拟的作用，真正发挥党团组织的功能，意义重大。

创业教育是当代继续教育学院成人学员成长成才的重要途径，高校要结合自身特点和区域经济特征，侧重相关资源的整合与优质资源的利用，明确重点，将培养学员的创业素质作为创业教育的第一要务，提高学员整体创业素质，这样才能大力加强创业教育，对促进继续教育学院成人学员

创业教育的发展具有积极意义。

2. 本案例研究的主要特色与创新之处

本研究是以沈阳工业大学继续教育学院学生作为创业教育的主体，主要研究对象是第一层次的创业教育，即培养创业素质的教育。以创造性和开创性为基本内涵，以课程教学与实践活动为主要载体，以开发和提高创业主体综合素质为最终目标，培养其未来从事创业实践活动所必备的知识、能力和心理品质等的素质教育。

创业教育要面向全体学生和尊重学生个体差异和专业差异的原则，对学生实施不同层次和不同类别的创业教育。

3. 本案例研究的突破性进展

（1）理论上的新观点

①确立以第一层次的创业教育，即培养创业素质的教育为目标

第一层次的创业教育是针对所有学生而言的，其实质是素质教育的一种延伸和体现，是素质教育的新境界。创业教育是以学生创新意识培养为目的，是当代素质教育具体时代特征的体现，是素质教育在市场经济条件下向纵深发展的时代体现，是高等学校实施素质教育的必然趋势。创业教育不是一种急功近利的精英教育，而是全员参与、全方位覆盖和全过程贯穿教育各个阶段、各个环节的一种素质教育。素质教育是深化教育创新中的教育教学改革工程，而这里的关键是如何在人才培养全过程中融入创业教育理念与创业教育内容。创业教育以学生创新精神、创业意识与创业能力培养为核心，并以受教育者的首创与冒险精神、创业能力和独立工作能力等提升为教育指向，从而使素质教育的时代目标更加具体、更加升华、更加与时俱进；素质教育以学生创新精神和实践能力培养为重点，从而使创业教育的推进更加具有明确性、更加具有实操性、更加具有创新性。强调创业教育与素质教育的充分融合，强调把创业作为重要元素融入素质教

育，这充分表明创业教育在推进素质教育中的战略性作用。

②与思想政治教育相结合，有效促进创业教育工作

思想政治教育中心理学原理和知识的运用对提高成人学生创业教育工作的实效性有着积极的作用。把心理特点的分析与研究运用到创业教育工作当中，建立配套评价与跟踪体系，将增强创业教育的科学性、预见性和针对性，促进高校继续教育学院创业教育工作的进一步完善和发展。

（2）实践中的新举措

①模拟情景教学，解决实际问题

模拟情景教学法，将企业的创业活动或模拟的企业创业活动展现在学员面前，使学员身临其境并进入角色，真正站在企业创业者的角度思考问题，针对企业面临的问题提出解决方案。

②充分发挥党团组织作用，为创业教育提供平台

充分发挥党团组织在成人学员创业教育中战斗堡垒作用。从党组织抓团组织及学生团体建设，为创业教育提供支持和保障。通过选取适当的载体和实践活动来推进成人学院创业教育，为创业教育提供平台。如：成立虚拟创业机构，由学员分组成立若干"企业"，每个"企业"的不同职能部门由不同的学员来担任经理，在市场环境下进行若干年度的模拟创业活动，学员在"企业"的创业活动中完成体验式学习。

4. 本案例研究的社会影响

本案例的研究成果已在沈阳工业大学继续教育类学生中得到广泛认可和推广，目前已在继续教育类学生的管理和思想政治教育过程得到应用，成效显著。

5. 本案例研究中存在的问题

开展继续教育学院大学生创业教育研究，应该说取得了可喜的成果，为高校继续教育类学生的创业教育、素质教育、创新创造教育及学生个体

发展、提高就业能力等工作顺利、深入开展起到很好作用。但是，我们发现还有许多问题需要认真思考和解决。

（1）本案例研究中存在的问题

①创业教育的理念不成熟，创业教育的目标不明确

创业教育作为一种教育理念，没有渗透进学校的育人体系中，不能提出明确的创业教育的育人目标。创业教育既没有系统的创业课程，也没有渗透进学校的专业教育当中，还只是通过零散的活动组织来实施。

②创业教育课程缺乏建设，没有形成课程体系

课程缺乏有组织的建设，出版的教材中的创业内容粗糙，难以达到普及创业教育的效果。创业教育基础课程缺乏建设，更没有形成课程体系。

③创业教育师资力量严重匮乏

专业教育中渗透创业教育是创业教育的一种重要方式与途径，但专业教育教师普遍缺乏创业教育意识、知识和能力；由于创业教育本身涉及的内容很多，创业教育特别缺乏"企业家型的教师"。

④高校创业教育缺乏有效的实施机构

由于创业教育普遍没有被纳入高校育人体系，高校还没有一个专门的负责创业教育的机构，创业教育只由教师分散、零碎地实行，学校创业教育不能系统、持续、全面地组织实施。

⑤各种社会配套服务体系难以整合

虽然政府出台了众多扶持大学生创业的政策，明确规定了对大学生自主创业的资金、税费、社会服务等方面的支持，但各种创业优惠政策缺乏整体性，操作起来程序烦琐，导致难以落到实处。

该案例的评价与认识：

通过案例二的研究，我们可以看到继续教育学院在大学生创业教育方面取得了显著的成效。

1. 创业意识和能力的增强

通过创业教育的实施，继续教育学院的学生在创业意识和能力方面得到了显著提升。学生对于市场经济规则和模式有了更深入的理解，风险和竞争意识得到了加强。此外，学生对于创业所必须具备的知识、政策法规和相关理论有了更加全面的掌握。

2. 创业教育体系的构建

案例二中提到，创业教育课程体系的构建是提高学员创业素质的关键。通过建立完整的课程目标体系、内容体系、结构体系和保障体系，继续教育学院为学生提供了系统的创业教育，从而提高了学生的创业能力和综合素质。

3. 创业心理素质的提高

创业心理素质是创业成功的重要因素。通过加强创业心理素质辅导和完善学员创业人格教育，学生的创业心理素质得到了提高。学生在面对创业过程中的挑战和困难时，展现出了更强的心理调适能力和创业品质。

4. 党团组织作用的发挥

党团组织在创业教育中发挥了重要作用。通过组织创业计划大赛、课程建设、师资培训等活动，党团组织为创业教育提供了平台和支持，有效促进了创业教育工作的开展。

5. 社会影响的扩大

案例二的研究成果在沈阳工业大学继续教育类学生中得到了广泛认可和推广。通过创业教育的实施，学生的就业能力和创新创造能力得到了提高，为社会输送了更多具备创业素质的人才。

第十二章

结 论

第一节 "需求 质量 特色"三元结构
在继续教育中的应用价值

"需求 质量 特色"三元结构在继续教育领域的应用价值体现在多个层面：

1. 教育需求的精准对接：继续教育的核心在于满足社会各类群体的学习需求。在职业发展、技能提升、知识更新等方面，"需求"导向的教育模式能够精准地识别和响应学习者的具体需求。这种模式要求高等学校与教育机构深入研究市场趋势、学习者背景和个人发展目标，从而设计出符合实际需求的教育项目。通过这种方式，继续教育不仅能够吸引更多的学习者参与，还能够提高学习者的满意度和忠诚度。

2. 教育质量的持续保障：教育质量是继续教育的生命力所在。"质量"在三元结构中强调了教育服务提供过程中的高标准和严要求。这包括课程内容的科学性、教学方法的创新性、教师团队的专业性和学习成果的有效性。高等学校与继续教育机构需要建立完善的质量管理体系，通过定期的内部评估和外部认证，确保教育服务的质量始终保持在较高水平。此外，高等学校与教育机构还应注重学习者的反馈，不断调整和优化课程设置和教学方法，以提升教育质量。

3. 教育特色的创新发展：在众多继续教育机构中，"特色"成为区分不同机构的关键因素。通过发展具有自身特色的教育项目和教学模式，高等学校与继续教育机构能够在激烈的市场竞争中脱颖而出。这种特色化不仅体现在课程内容的独特性上，还体现在教学方法的创新、教育资源的整合以及学习体验的个性化上。例如，一些高等学校与继续教育机构可能会专注于某一领域的深入研究，提供行业内领先的专业知识和技能培训；而另一些高等学校与继续教育机构则可能注重在线教育技术的应用，提供灵活多样的学习方式和丰富的互动体验。

4. 教育资源的优化配置："需求 质量 特色"三元结构还强调了教育资源的合理配置和高效利用。高等学校与继续教育机构需要根据学习者的需求和市场的变化，灵活调整教育资源的分配。这包括教师资源、教学设施、学习材料等各个方面。通过优化配置，高等学校与继续教育机构能够确保教育资源得到最有效的利用，从而提高教育服务的整体效率和效果。

5. 教育服务的持续创新：在继续教育领域，"需求 质量 特色"三元结构鼓励高等学校与继续教育机构不断探索和实践新的教育服务模式。这可能涉及教育技术的创新应用、教学方法的改革探索以及学习体验的持续改进。通过持续创新，高等学校与继续教育机构能够保持其教育服务的先进性和吸引力，满足学习者不断变化的学习需求。

6. 社会影响的积极扩大：继续教育的社会价值在于其对个人发展和社会进步的积极贡献。"需求 质量 特色"三元结构的应用有助于高等学校与继续教育机构扩大其社会影响力。通过提供高质量的教育服务和具有特色的教育项目，高等学校与继续教育机构能够培养出更多具备专业技能和创新能力的人才，从而为社会的发展作出更大的贡献。

综上所述，"需求 质量 特色"三元结构在继续教育中的应用价值在于其能够指导高等学校与继续教育机构更好地满足学习者的需求，保证教育服务的质量，并在此基础上发展出具有自身特色的教育项目。这种结构不仅有助于提升高等学校与继续教育机构的市场竞争力，还能够促进教育资源的优化配置和教育服务的持续创新，最终实现继续教育的社会价值和使命。

第二节　对未来继续教育人才培养生态模式的建议

基于"需求 质量 特色"三元结构，未来的继续教育人才培养生态模式应当是一个综合性、动态发展和高度互动的系统：

1. 需求导向的课程开发：高等学校与继续教育机构应当紧密关注社会发展趋势和行业需求，通过定期的市场调研和数据分析，及时调整和更新课程内容。同时，应当引入学习者参与课程设计的环节，通过问卷调查、访谈等方式收集学习者的反馈和建议，确保课程内容与学习者的实际需求相匹配。

2. 质量保障的教学管理：建立和完善教学质量管理体系，确保教学活动的高标准执行。这包括教师资质的严格审核、教学过程的监控、学习成果的评估以及持续改进机制的建立。同时，应当鼓励教师进行专业发展和教学研究，提升教学质量和效果。

3. 特色鲜明的教育品牌：高等学校与继续教育机构应当根据自身优势和资源条件，发展具有特色的教育项目和教学模式。这可以是特定领域的深度研究、创新的教学方法、独特的学习体验等。通过特色化的发展，高等学校与继续教育机构能够在竞争中脱颖而出，吸引更多的学习者。

4. 技术驱动的教育创新：积极利用现代信息技术，如人工智能、大数据、云计算等，推动教育模式的创新。例如，开发智能教学辅助系统、实施个性化学习路径推荐、提供在线与离线相结合的混合学习模式等。技术的应用不仅能够提高教学效率，还能够提供更加丰富和灵活的学习体验。

5. 合作共赢的生态系统构建：高等学校与继续教育机构应当与行业企业、政府部门等建立合作关系，形成互利共赢的教育生态系统。通过资源共享、项目合作、人才交流等方式，共同推动继续教育的发展，并为学习者提供更多实践和就业机会。

6. 持续跟踪的人才培养效果评估：建立长期的学习者跟踪机制，对学习者的学习效果和职业发展进行持续评估。通过数据分析和案例研究，了解教育服务的实际效果，为教育决策和课程改进提供依据。

7. 社会参与的教育治理模式：鼓励社会各界参与继续教育的治理和监督，通过建立多方参与的治理结构，提高教育服务的透明度和公信力。同时，应当重视学习者的声音，通过建立学习者代表机制等方式，让学习者参与到教育服务的改进和创新中来。

综上所述，未来的继续教育人才培养生态模式应当是一个以学习者需求为核心，以教育质量为基础，以教育特色为驱动力的综合性发展模式。通过不断的技术创新、合作共赢和治理优化，构建一个高效、开放和动态发展的继续教育生态系统。

附 录

相关教育政策文件汇编

教育部关于推进新时代普通高等学校
学历继续教育改革的实施意见

教职成〔2022〕2号

各省、自治区、直辖市教育厅（教委），新疆生产建设兵团教育局，有关部门（单位）教育司（局），部属各高等学校、部省合建各高等学校：

高等学历继续教育是高等教育的重要组成部分，是构建服务全民终身学习教育体系的重要内容，是人民群众创造美好生活、实现共同富裕的重要途径。近年来，普通高等学校举办的学历继续教育快速发展，为促进高等教育大众化、普及化和教育公平，推动经济社会发展和学习型社会建设作出了重要贡献，但也存在办学定位不够明确、制度标准不够完善、治理体系不够健全、人才培养质量不高等突出问题，不能很好适应教育高质量发展要求。为推进新时代普通高等学校举办的学历继续教育改革发展，现提出以下意见。

一、总体要求

1. 指导思想。以习近平新时代中国特色社会主义思想为指导，按照党中央、国务院关于办好继续教育的决策部署，把握新发展阶段，贯彻新发展理念，服务构建新发展格局，全面贯彻党的教育方针，加强党的领导，坚持社会主义办学方向，落实立德树人根本任务，遵循继续教育规律、适应在职学习特点，坚持规范与发展并重，加强内涵建设，推动高等学历继续教育规范、有序、健康发展，服务全民终身学习需要，为促进经济社会发展和人的全面发展提供有力支撑。

2. 基本原则。系统谋划，分类指导。坚持系统思维，整体谋划事业发展，引导不同类型的办学主体明确各自办学定位，形成各有所长、各具特色的发展格局。育人为本，提高质量。坚守教育初心，落实教育教学要求，规范教学组织实施，强化过程管理，全面提高人才培养质量。夯实基础，强化能力。加强办学条件对办学规模的约束作用，增强基础能力建设，提升办学能力，扩大优质资源供给。数字赋能，精准治理。充分发挥继续教育与信息技术深度融合的优势，率先实现数字化转型，提升办学和管理智慧化水平。

3. 主要目标。建立健全与新发展阶段相适应的高等学历继续教育办学体系、标准体系、管理体系、评价体系、服务体系，形成办学结构合理、质量标准完善、办学行为规范、监管措施有效、保障机制健全的新格局；高等学历继续教育资源供给更加丰富，办学质量显著提升，服务能力和社会认可度大幅增强，为学习者接受优质高等教育提供更多机会和更好服务。

二、构建与新发展阶段相适应的办学体系

4. 明确办学定位。举办学历继续教育的普通高等学校（以下简称主办高校）应根据社会需要和自身办学定位、办学条件，遵循聚焦特色、控制规模、保证质量的原则，举办相应学历继续教育。主办高校要落实立德树人根本任务，将学历继续教育作为落实人才培养和社会服务职能的重要方面，纳入学校发展规划。要强化学历继续教育的公益属性，不得以营利为目的，不得下达经济考核指标，确保办学质量与学校的品牌声誉相统一。

5. 优化办学形式。自2025年秋季起，高等学历继续教育不再使用"函授""业余"的名称，统一为"非脱产"，主办高校可根据专业特点和学生需求等，灵活采取线上线下相结合形式教学。普通高等学校举办的学历继续教育统一通过成人高考入学，统一专业教学基本要求，统一最低修业年限，统一毕业证书。已注册入学的函授、业余、网络教育学生按原政策执行。

6. 推进分类发展。主办高校要依据自身办学定位、特色优势，科学确立学历继续教育的人才培养目标和规格，大力培养创新型、应用型、技术型人才。支持中央部委所属高校结合高水平学科专业举办"少而优、小而精"的学历继续教育，办出示范、引领发展。支持地方高校重点举办"服务地方、办学规范、规模适度、特色鲜明"的学历继续教育。支持高等职业学校围绕制造业重点领域、现代服务业和乡村振兴需求，重点面向一线从业人员，举办服务"知识更新、技术提升"的学历继续教育。

三、全面落实教育教学要求

7. 加强思想政治教育。主办高校要把坚持以马克思主义为指导落实到学历继续教育教学各方面，全面落实习近平新时代中国特色社会主义思想

进教材、进课堂、进师生头脑，加强爱国主义、集体主义、社会主义教育；要开齐开好思想政治理论课，全面推进体现继续教育特色的课程思政建设，探索线上线下相结合的思政育人新模式，建立完善全员、全程、全方位育人体制机制。

8. 规范教学组织实施。主办高校应重视学历继续教育教学管理制度建设，加强对线上教学和线下面授的全过程管理，确保严格落实课程教学、实验实训、考勤、作业、考核、毕业论文（设计）、毕业答辩及审核等环节要求。探索通过实践作业、情境测试、技能认证等方式科学评价学生能力水平。要加强学生管理和服务，创造条件增加学生入校学习、活动的时间和频次。原则上应集中举办开学典礼、毕业典礼等重要活动。

9. 创新教育教学模式。主办高校要按照成人认知规律、职业发展需要、学科专业特点创新教育教学模式，充分发挥信息技术优势，结合实际开展线上教学与面授教学、自主学习与协作学习等相结合的混合式教学；要根据不同专业要求和学生特点，合理确定线上线下学时比例，线下面授教学（含实践教学环节）原则上不少于人才培养方案规定总学时的20%。鼓励通过参与式、讨论式、案例式、项目式教学等提高学生学习积极性和参与度，注重学习体验。

10. 加强师资队伍建设。主办高校要加强专兼职结合的学历继续教育教师队伍建设，配足配好主讲教师、辅导教师和管理人员，主讲教师数与在籍学生数比例不低于1∶200，辅导教师数与在籍学生数比例不低于1∶100，管理人员数与在籍学生数比例不低于1∶200；要将聘任的兼职教师、辅导教师统一纳入学校师资队伍发展规划和管理，加强师德师风建设。鼓励主办高校返聘本校优秀退休教师参与继续教育教学。主办高校要将在职教师承担本校继续教育工作纳入教学工作量计算和教师教学业绩考核评价体系。

四、规范和加强办学管理

11. 严格办学基本要求。各级教育行政部门应严格落实普通高等学校基本办学条件指标和普通高等学校学历继续教育办学基本要求（见附件1），并将其作为核定高校学历继续教育办学资质、确定招生计划上限、监测办学质量、评价办学水平的重要依据。办学基本要求中的指标将逐步纳入教育统计。教育部将分专业类制订高等学历继续教育专业教学基本要求。各地、各主办高校要根据《普通高等学校学历继续教育人才培养方案编制工作指南》（见附件2），进一步明确目标规格，规范课程设置和教学组织实施。

12. 加强教材建设管理。各地、各主办高校要按照高等学历继续教育教材建设与管理的有关要求，压实管理职责，完善高等学历继续教育教材管理体制，加强教材规划，提升编写质量，严格审核把关、规范教材选用，增强教材育人功能。主办高校党委对本校学历继续教育教材工作负总责，学校教材选用委员会具体负责学历继续教育教材的选用工作。鼓励有关单位开发适应学习者在职学习需要、深度广度与人才培养目标相匹配、满足交互式学习要求的高质量教材。要强化支持保障，加大对优秀学历继续教育教材的支持力度。

13. 规范校外教学点管理。各地、各主办高校要认真落实《关于严格规范校外教学点设置与管理的通知》要求，严格规范校外教学点设置条件和程序，控制布点数量和范围，加强办学监管和质量监测。各地可通过政策引导、项目等形式，鼓励有条件的主办高校通过校本部集中面授与线上教学相结合的方式举办非脱产形式的学历继续教育。

14. 健全监督评估机制。主办高校要健全学历继续教育内部质量保证体系，加强制度建设，每年进行教育质量自我评估总结，发布教育质量报告，接受社会监督。省级教育行政部门综合采取随机抽查、质量监测、实地调研等方式，对本地区高等学历继续教育进行常态监督，及时发现并纠正问题。教育部将本专科学历继续教育分别纳入本科教育教学评估、高等职业院校适应社会需求能力评估、职业教育教学工作诊断与改进等工作范围，并视情况开展专项评估、督导。教育行政部门要探索建立高等学历继续教育办学信用管理记分和处罚机制，开通违规办学举报受理渠道。

五、推进数字化转型发展

15. 提升数字化公共服务水平。深入实施国家教育数字化战略行动，完善全国统一、分级使用、开放共享的高等继续教育信息管理系统，服务教育行政部门、教育机构、学生和社会公众。教育行政部门要加强数据联动，及时主动向社会公开高等学历继续教育的办学主体、专业设置、校外教学点、招生范围、报名渠道、学费标准等信息，实现高等学历继续教育业务一网通办、信息一网公开。

16. 促进优质数字资源共建共享。教育部将广泛汇聚优质数字教育资源，推进在线课程和资源开放共享，建立继续教育"课程超市"和24小时"线上学堂"。鼓励学校自主或与有关机构联合开发优质网络课程。支持探索资源建设使用可持续发展机制，支持资源版权方通过市场化方式自主定价、交易。鼓励探索面向境外在线开展学历继续教育的模式和途径，提升高等学历继续教育国际化水平，促进优质资源开放共享。

17. 推动办学管理智慧化。主办高校要充分运用大数据、人工智能等技术手段，创新高等学历继续教育办学管理方式，加强招生、教学、考试、学籍、证书、收费等各环节的全流程管理，提高办学管理的数字化智能化水平，杜绝人为干预，保证流程规范、监管有效。推进教育行政部门智能化监管，实现体系化、实时化、闭环化的监测预警以及数字化、系统化、自动化的质量评价。

18. 加强教育教学在线常态监测。主办高校要全面加强对学历继续教育教师线上教学、学生线上学习的日常监测，将教学效果、学习状态计入教师考核和学生评价，精准判断学生学习状态与教学质量，实现个性诊断与即时干预。教育部将推动各地各主办高校教学管理系统与全国高等继续教育信息管理系统对接，常态化监测高等学历继续教育教学情况。

六、强化组织实施

19. 加强党的领导。各地、各主办高校要加强党对高等学历继续教育工作的全面领导，以正确政治方向和工作导向贯穿办学全过程，为高等学历继续教育改革发展提供坚强的政治保证和组织保证。要充分发挥学校党委的领导作用，确立高校党政主要领导作为学历继续教育第一责任人、分管校领导为主要责任人的领导体制。学历继续教育的重大决策须经学校党委会或党委常委会集体讨论决策。学校纪委要加强对学历继续教育的全过程监督。

20. 压实各方责任。教育部强化对高等学历继续教育工作的统筹管理，不断完善政策体系和管理机制，组建高等继续教育专家委员会，加强研究、指导和决策咨询。各级教育行政部门要切实落实对本地区高等学历继续教育的指导和监管职责，将学历继续教育工作纳入主办高校领导班子工作考核体系，及时查处违规办学行为。主办高校要严格落实办学主体责任，坚持管办分离，明确所办学历继续教育的归口管理部门，健全招生宣传、学费收缴、校外合作、财务管理、证书发放等方面的程序和要求，完善办学过程中的廉政风险防范管控机制。

21. 加强经费保障。各地、各主办高校应建立高等学历继续教育学费标准动态调整机制，探索学分制收费管理模式，推动健全举办者投入和学习者合理分担培养成本相结合的高等学历继续教育经费筹措机制。主办高校要保障学历继续教育办学经费，建立健全财务管理制度，规范学费收入使用管理，学费收入应全额直接上缴学校财务账户，严禁其他机构和个人代收代缴，严禁上缴前分配。

22. 营造良好环境。各地要加大对高等学历继续教育改革成果、发展成就和先进典型的宣传力度，充分发挥先进典型的示范、带动、引领和辐射作用。加强继续教育相关学科专业建设，鼓励相关高校围绕继续教育热点难点积极开展理论研究与引领性实践。各地要持续完善本地区违法违规广告部门协同治理工作机制，为高等学历继续教育改革发展营造清朗环境。

附件：1. 普通高等学校学历继续教育办学基本要求（试行）

　　　2. 普通高等学校学历继续教育人才培养方案编制工作指南

教育部

2022 年 7 月 23 日

附件1　普通高等学校学历继续教育办学基本要求（试行）

普通高等学校学历继续教育办学基本要求包括办学方向、办学定位、制度机制等总体要求，师资和管理人员、设施资源、经费投入等条件要求，以及具体工作要求。办学基本要求是有关部门对所属高校学历继续教育核定办学资质、确定招生计划上限、监测办学质量、评价办学水平的重要依据。具体如下：

一、总体要求

（一）坚持党的全面领导。坚持高校党委对学历继续教育的全面领导，全面贯彻党的教育方针，坚持社会主义办学方向，服务国家和区域发展战略，助力学习型社会和服务全民终身学习教育体系建设。

（二）落实立德树人根本任务。把思想政治教育贯穿人才培养全过程，突出党的创新理论最新成果，适应学生在职特点，拓宽育人途径，思政课程与课程思政有效衔接，将思想政治教育融入人才培养各环节。

（三）明确办学定位。明确学校举办学历继续教育的办学定位，制定学历继续教育发展规划，并纳入学校整体发展规划和大学章程。学历继续教育工作纳入学校党委、行政议事议程。

（四）建立完善的制度机制。有完整的学历继续教育制度机制和质量管理体系，有特色突出的分专业人才培养方案。

二、条件要求

（一）师资和管理人员

师资包括主讲教师和辅导教师。主讲教师和辅导教师应具备教师资格。

1. 主讲教师。主讲教师为独立承担学历继续教育课程教学任务的教师，由学校聘用使用，含本校专任教师和本校兼职教师（兼职教师按0.5系数折算）。其中本校专任教师占主讲教师的比例不低于60%，主讲教师数与在籍学生数比例不低于1：200。专任教师和兼职教师中副高级及以上专业技术职务比例均不低于30%（在籍学生数是指具有学籍并在本校注册的学历继续教育学生数，下同）。

2. 辅导教师。辅导教师为承担学历继续教育课程辅导答疑、批改作业、辅导实验实训、组织课堂讨论等任务的辅助教学人员，包含本校直接聘用的辅导教师数和校外教学点聘用并经高校认定的辅导教师数（校外教学点聘用按0.5系数折算）。辅导教师总数与在籍学生数比例不低于1：100。

3. 管理人员。管理人员为负责学历继续教育有关管理工作的行政人员、专兼职班主任以及负责网络支持、技术保障等工作的技术人员。管理人员数为本校有关管理人员数和校外教学点管理人员数总和，管理人员数与在籍学生数比例不低于1∶200。每个校外教学点专职管理人员不低于3人。

（二）设施资源

1. 教学平台。有自主开发、购买或租用的教学平台，能够满足在籍生在线学习需要。

2. 数字资源。包括网络课程、在线开放课程和直播教学。网络课程是指提前制作并在教学平台上呈现，供学生学习的课程。在线开放课程是依托网络开展、以互动学习资源为主，具有学习评价、即时反馈和交互参与机制的课程。以上均需按一门完整课程为一个单位计算。学校自主开发的网络课程占网络课程总量的比例不低于30%。

3. 教学设施。校本部和每个校外教学点应具有满足面授教学需要的教学用房、实验实训设备等。教学用房面积为可供学历继续教育持续使用的学校教学用房面积和校外教学点教学用房面积的总和。教学用房包括教室、计算机用房、实验实训室，不含办公室、会议室、教研室、图书馆、室内体育用房。生均教学用房面积应不低于1平方米/生。校外教学点应具有满足学生现场学习和考试所需的计算机数，学生规模为200人以下的，每个校外教学点教学计算机数不低于40台，每增加100人按照1∶10增加。实验实训设备种类、数量满足专业和学习需求。

（三）经费投入

1. 学校应有保证正常教育教学的稳定经费投入。办学经费为年度列支的用于学历继续教育日常办学的经费，学校拨付给设点单位的工作经费纳入日常办学经费统计。学历继续教育学费总额中用于学历继续教育办学经费的比例应不低于70%。

2. 学校拨付给设点单位的工作经费占学费总额的比例。高校拨付给设点单位用于校外教学点教育教学和管理工作使用的经费（不包括专兼职教师、管理人员的课酬和劳务支出）占学费总额的比例不高于50%。

三、工作要求

（一）数据采集要求

主办高校办学有关数据及情况通过高等继续教育信息管理系统进行采集。

（二）核定办学资质

省级教育行政部门可结合本地实际情况，提出不低于国家办学基本要求的本地办学基本要求。教育行政部门逐步建立通过办学基本要求核定高校学历继续教育办学资质的机制。

（三）确定计划上限

教育部核定部属高校招生计划上限，指导各省级教育行政部门、有关部门（单位）教育司（局）核定所属高校招生计划上限。各省级教育行政部门、高校主管部门应根据基本办学要求，结合社会需要和办学实际，分校提出所属高校学历继续教育年度招生计划上限。

（四）开展质量监测

教育行政部门依据采集的数据及有关信息，对高校举办的学历继续教育开展常态化监测。可根据随机抽查、质量监测、教学评估、专项检查的情况，对办学质量低下或存在违规办学行为的所属高校，视情采取调减招生计划、限制招生、停止招生和取消办学资质处理。

附件2　普通高等学校学历继续教育人才培养方案编制工作指南

人才培养方案是学校组织实施人才培养的主要依据，是保证人才培养质量的基本文件。为进一步加强普通高校举办的学历继续教育教学管理，规范人才培养方案编制工作，保证人才培养规格和质量，制定本指南。

一、工作原则

坚持立德树人、育人为本，加强和改进思想政治教育，推进思政课和课程思政建设，全面提升学生思想政治理论素养和公民道德素质；坚持遵循规律、服务发展，适应成人在职学习需求和认知规律，突出人才培养的职业性、应用性和发展性，服务经济社会和人的全面发展；坚持科学规范、突出特色，严格执行国家有关教学基本文件，规范编制流程，结合学校专业特色及生源多样化特点等，探索灵活多样的人才培养模式。

二、主要内容及要求

（一）专业基本信息

专业名称、专业代码严格按照现行《普通高等学校本科专业目录》《职业教育专业目录》执行，并标注办学层次。

（二）培养目标与人才规格

结合学校办学定位和专业特色，科学合理确定符合经济社会发展需求的专业培养目标和培养规格，明确学生应达到的知识、能力和素质要求。

（三）修业年限

高起专和专升本最低修业年限2.5年，最高修业年限不超过5年；高起本最低修业年限5年，最高修业年限不超过8年。高校可按上述要求，具体确定本校各专业修业年限。

（四）课程设置

课程设置一般分为公共基础课、专业课、职业能力拓展课，高校也可根据实际情况自行确定课程分类。

1. 公共基础课。按照国家有关规定开足开齐思想政治理论课、心理健康课等。参照现行《普通高等学校本科专业类教学质量国家标准》《高等职业学校专业教学标准》相关规定开设其他公共基础课。要加强公共基础课与专业课的衔接。

2. 专业课。参照现行《普通高等学校本科专业类教学质量国家标准》《高等职业学校专业教学标准》相关规定开设专业课，并根据学校专业特色和生源特点，合理安排课程结构和内容，落实实验实训、毕业论文（设计）以及实验实习等环节要求。

3. 职业能力拓展课。学校可根据实际情况，结合学生的职业发展需求，选择开设部分职业素养或职业能力提升类课程。

专升本专业须结合专科课程体系要求，按照本科课程设置要求合理确定所开设课程和内容，确保相关课程的贯通衔接。

（五）教学形式

要结合学科专业特点和学生实际情况，采取灵活多样的形式实施教学。要合理确定线上（含直播教学）与线下教学形式比例，线下教学原则上不少于人才培养方案规定总学时的20%。

（六）学时、学分

高起专、专升本总学时数原则上不低于1600学时；高起本总学时数不低于3000学时。实行学分制的，一般以16—18学时计为1个学分。

鼓励高校以国家和地方"学分银行"制度为基础，制订本校学历继续教育学分认定与转换规则，促进学历继续教育与非学历教育、普通本科教育、高等职业教育之间的学习成果认定、积累与转换。

（七）考核与毕业要求

课程考核要立足课程特点和基本要求，将过程性考核（平时成绩）与终结性考核（期末考试）相结合。公共基础课和专业课的期末考试原则上应为闭卷考试。课程期末考试成绩占总成绩比例原则上不低于40%，不超过 80%。应参照本校全日制学生毕业要求，结合成人在职学习特点等合理确定毕业要求。本科专业还应明确该学士学位授予条件。

（八）教学进程安排

以表格形式列出本专业的课程类别、课程编码、课程名称、学时学分、学期课程安排、考核方式以及毕业论文（设计）、毕业答辩及审核等环节（教学进程表可参考附表样式）。

（九）教学实施保障

主要包括教材选用、师资队伍、教学及实验实训条件、数字化资源、质量管理、经费保障等方面。

三、编制程序

专业人才培养方案制（修）订工作应按照以下基本程序进行。

（一）规划与设计。学校根据国家高等学历继续教育专业设置和办学基本要求，结合本校发展规划与特色优势，部署开展各专业人才培养方案制订工作。

（二）调研与分析。学校组织专家深入调研，分析行业企业和学习者对专业人才培养的需求，提出专业人才培养方案的调研分析报告。

（三）起草与审定。学校应分专业组织起草人才培养方案，组织专家进行论证，提交学校学术（教学）委员会审定。

（四）发布与更新。审定通过的人才培养方案在专业备案工作的同时，通过信息平台报主管教育行政部门备案，并按程序发布执行，主动向社会公开。人才培养方案原则上要按人才培养周期进行修订。涉及国家政策文件要求调整的，应及时进行更新完善。

成人高等学校、开放大学举办的高等学历继续教育参照本指南执行。

附表1 高起专（专升本）专业教学进程表参考样式

课程类别	序号	课程代码	课程名称	学分	总学时	线上教学	线下教学	实验实训	一	二	三	四	五	过程性考核	闭卷	开卷
公共基础课																
专业课																
职业能力拓展课																
实践教学环节			入学教育													
			毕业教育													
			毕业实习													
			毕业论文（设计）													
			（可根据需要添行）													
合　计																
百分比（%）																

表头说明：各学期学时分配（线上教学、线下教学、实验实训、一、二、三、四、五）；考核方式（过程性考核、终结性考核：闭卷、开卷）。

备注：1. 课程类别：高校也可根据实际情况自行确定课程分类。

2. 学分与学时换算，按照1学分16—18学时进行换算。

3. 请在考核方式中选择"√"填写。

附表2　高起本专业教学进程表参考样式

课程类别	序号	课程代码	课程名称	学分	总学时	线上教学	线下教学	实验实训	一	二	三	四	五	六	七	八	九	十	过程性考核	闭卷	开卷
			各学期学时分配																考核方式		
公共基础课																					
专业课																					
职业能力拓展课																					
实践教学环节			入学教育																		
			毕业教育																		
			毕业实习																		
			毕业论文（设计）																		
			（可根据需要添行）																		
合　计																					
百分比（%）																					

备注：1. 课程类别：高校也可根据实际情况自行确定课程分类。

　　　2. 学分与学时换算，按照1学分16—18学时进行换算。

　　　3. 请在考核方式中选择"√"填写。

教育部办公厅关于做好2023年高等学历
继续教育专业设置与管理工作的通知
教职成厅函〔2023〕2号

各省、自治区、直辖市教育厅（教委），新疆生产建设兵团教育局，有关部门（单位）教育司（局），部属各高等学校、部省合建各高等学校，有关直属单位：

为深入学习贯彻党的二十大精神，落实《教育部关于推进新时代普通高等学校学历继续教育改革的实施意见》《高等学历继续教育专业设置管理办法》《国家开放大学综合改革方案》《高等教育自学考试专业设置实施细则》等规定，促进继续教育高质量发展，现就做好2023年高等学历继续教育专业设置与管理通知如下。

一、总体要求

（一）优化专业定位。各类办学主体要主动对接国家、行业和地方"十四五"规划确定的重点领域，聚焦培养创新型、应用型、技术技能型人才，按照"聚焦特色、控制规模、保证质量"的原则设置专业。中央部委所属高校要结合"双一流"建设、高水平学科专业，举办"少而优、小而精"的学历继续教育。地方本科高校、成人高校等要聚焦区域产业发展规划，设置的专业要服务区域重点产业、支柱产业和特色产业发展。职业学校要不断改善自身办学条件，围绕制造业重点领域、现代服务业和乡村振兴需求设置专业。继续教育设置国控专业须具备全日制国控专业设置资格，并获得省级相关行业主管部门书面同意。开放大学、成人高校原则上不新增设国控专业。

（二）科学精准测算。各类办学主体要组织深入调研，分析行业企业和学习者对专业人才培养的需求，将专业设置与招生、就业联动设计，充分考虑学校现有的学科专业布局、在籍生数量、专业的市场需求及就业竞争力，突出人才培养的职业性、应用性和发展性。要强化办学条件的支撑和保障作用，严格对照学历继续教育办学基本要求，结合各办学主体基本办学条件指标，在统筹学历与非学历继续教育的基础上，科学测算专业设置条件，合理设置高等学历继续教育专业。

（三）加强统筹管理。高校等办学主体要将学历继续教育发展纳入学校发展规划，强化学历继续教育的公益属性，融入学校人才培养和社会服务，探索统筹职业教育、高等教育、继续教育协同创新。各省级教育行政部门、国家开放大学、全国高等教育自学考试指导委员会应按照规定，加强本地区（系统）专业设置统筹规划，鼓励打造具有示范引领作用的继续教育专业，严格压减市场营销、工商管理等"过热"专业。

二、工作安排

2023年拟招生高等学历继续教育专业备案统一通过"全国高等继续教育信息管理系统"（网址：http：//jxjy.moe.edu.cn）填报。要严格按照规定时限完成填报工作，逾期不再受理。各省级教育行政部门、国家开放大学、全国高等教育自学考试指导委员会要将本地区（系统）2023年专业设置管理有关工作情况形成工作报告（提纲见附件1），文档电子版和加盖公章后的PDF电子版在3月31日前发送至邮箱dce@moe.edu.cn。

（一）普通高等学校

普通高等学校（含普通本科高校、高等职业学校）须在本校已开设的全日制教育本、专科专业范围内设置高等学历继续教育本、专科专业。具体程序如下。

1. 各高校通过信息平台于 2023 年 2 月 20 日前填报当年拟招生专业及相关信息。

2. 省级教育行政部门组织对本地高校拟开设专业进行评议和统筹，于 3 月 31 日前将《2023 年××（省份）高校学历继续教育拟招生专业情况汇总表》（见附件 2）报送我部。

3. 我部于 5 月 31 日前对各地上报的专业信息汇总并向社会公布，结果将与教育部成人高校招生来源计划管理系统、校外教学点填报备案管理系统对接。

（二）独立设置的成人高校

独立设置的成人高校根据自身办学条件可在高等学历继续教育本、专科专业目录范围内设置高等学历继续教育专业。具体程序如下。

1. 对于拟设置的新专业，学校要认真组织校内外专家评议，对评议通过的专业，通过信息平台提交人才需求报告、专业论证报告和人才培养方案等申请材料。信息平台将面向社会公示，学校官方网站应同步公示。公示期满后，学校对公示期间收到的意见进行研究处理，及时将意见处理情况及修改后的申请材料提交信息平台。对于已开设的专业，各校通过信息平台填报当年拟招生专业及相关信息。以上步骤应于 2 月 20 日前完成。

2. 省级教育行政部门根据实际情况，对本地区独立设置的成人高校提交的新设专业申请材料和当年拟招生专业信息进行统筹汇总，于 3 月 31 日前将《2023 年××（省份）高校学历继续教育拟招生专业情况汇总表》（见附件 2）报送我部。

3. 我部于 5 月 31 日前对上报的专业信息汇总并向社会公布。

（三）国家开放大学办学体系

国家开放大学办学体系专业设置由国家开放大学统筹提出。国家开放大学应于3月31日前将《2023年国家开放大学办学体系拟招生专业情况汇总表》（见附件3）报送我部，我部组织专家评议后确定。

（四）高等教育自学考试开考专业

各省级考委统筹规划本地区高等教育自学考试开考专业，具体由各省级教育考试机构报经省级教育行政部门确认后，将《2023年××（省份）高等教育自学考试开考专业情况汇总表》（见附件4）于3月31日前报送教育部教育考试院。

三、工作要求

（一）强化责任落实。省级教育行政部门、省级教育考试机构、高校等相关主体要加强对有关工作人员的业务培训，严格按照规定程序、时间和标准完成相关工作；要加强工作协同，严格按照专业设置结果开展招生录取，不得对未经备案或审批的专业进行宣传和安排招生。对在专业设置工作中出现抓而不紧、管而不实、程序不清、把关不严、弄虚作假等问题的单位和人员，各地要按有关规定严肃追责问责。

（二）健全评价机制。省级教育行政部门、省级高等教育自学考试委员会、高校等各类主体均要按规定设立专业设置评议专家组织（或在现有专家组织中增加相应职能），未经专家评议通过的专业不得上报。对于已开设专业，要结合专业备案进行评议，及时调整、撤销不合格或连续未招生的专业，按规定发布质量报告，接受社会监督。省级教育行政部门要对存在办学条件不足、教学（考试）管理不规范、教育质量低下等情况的办学主体，视情节给予责令进行限期整改、暂停招生、暂停设置新专业等处理。我部将加大对各地高等学历继续教育专业设置评议和省级教育行政部门管理工作指导力度，对登记备案的专业点材料进行抽查。

高校如有账号新设或更名问题，由本地区省级教育行政部门统一提出申请，经我部核准后办理。各省级教育考试机构用户名、密码由教育部教育考试院统一发放。联系方式如下：

技术支持：010-57519531、010-57519078；电子邮箱 hangban@ouchn. edu.cn。

政策咨询：教育部职业教育与成人教育司 010—66096459；电子邮箱 dce@moe.edu.cn；通讯地址：北京市西单大木仓胡同37号教育部职成司高等继续教育处，邮编：100816。教育部教育考试院（自学考试领域相关）010—82520092；通讯地址：北京市海淀区清华科技园立业大厦教育部教育考试院自学考试处，邮编：100084。

附件：1. 2023年××高等学历继续教育专业设置管理工作报告

2. 2023年××（省份）高校学历继续教育拟招生专业情况汇总表

3. 2023年国家开放大学办学体系拟招生专业情况汇总表

4. 2023年××（省份）高等教育自学考试开考专业情况汇总表

教育部办公厅

2023年1月28日

附件1　2023年××高等学历继续教育专业设置管理工作报告

一、2023年专业设置概况

本省份（或本领域）专业申报、新增、撤销、调整的有关数据，相关结构、比例、特点分析。

二、2023年专业设置和管理工作开展情况

本省份（或本领域）开展专业设置工作机构、流程，专家评议组织组成情况、专家评议过程、专家评议意见建议，有关公示情况。

三、进一步优化专业设置管理的工作考虑

落实有关政策文件，进一步优化本省份（或本领域）专业布局结构的工作考虑。

四、有关意见建议

对做好专业设置管理工作的意见建议。

附件2　2023年××(省份)高校学历继续教育拟招生专业情况汇总表

省级教育行政部门：　（盖章）　　　　　　　　填表日期：　　年　月　日

序号	学校代码	学校名称	专业代码	专业名称	培养层次	学习形式	修业年限	备注

备注：此表请由系统生成打印，盖章后于2023年3月31日前报送教育部（职业教育与成人教育司）。

附件3　2023年国家开放大学办学体系拟招生专业情况汇总表

国家开放大学：　（盖章）　　　　　　　　　　填表日期：　　年　月　日

序号	学校代码	学校名称	专业代码	专业名称	培养层次	学习形式	修业年限	备注

备注：此表请由系统生成打印，盖章后于2023年3月31日前报送教育部（职业教育与成人教育司）。

附件4 2023年××（省份）高等教育自学考试
开考专业情况汇总表

省级教育行政部门：（盖章） 省级教育考试机构：（盖章） 填表日期： 年 月 日

序号	专业代码	专业名称	专业层次	主考学校	开设状态	备注

备注：此表请由系统生成打印，盖章后于2023年3月31日前报送教育部（教育考试院）。

研究调查问卷

第一部分：专家基本情况

1. 专家姓名：＿＿＿＿＿＿＿＿＿＿＿＿＿

2. 您目前的工作职务：＿＿＿＿＿＿＿＿＿＿＿

3. 您的专业技术职称：＿＿＿＿＿＿＿＿＿＿＿

4. 您的年龄：

（1）30 岁以下 （2）30—39岁 （3）40—49岁 （4）50—59岁 （5）60岁以上

5. 您的文化程度：

（1）大学专科 （2）大学本科 （3）硕士 （4）博士

6. 您目前主要担任什么工作：

（1）教育行政管理 （2）教学科研 （3）学校管理 （4）其他（请注明）

7. 您对地方高校人才培养问题熟悉程度:

（1）很熟悉　（2）较熟悉　（3）一般　（4）较不熟悉　（5）很不熟悉

8. 请您根据下面的说明与要求,对影响选择指标的两个主要方面:重要性、可行性进行比较,确定它们在指标选择中的重要程度。指标的重要性是指该指标的重要程度和代表性。指标越重要,代表性越好,能够较好地体现地方高校人才培养的内涵,指标的重要性就越高。指标的可操作性是指在实际评价工作中,获取该指标的难易程度和可信程度。指标越容易获得,可信程度越高,指标的可操作性就越高;如果指标数据难以获取,或者获取可靠数据比较困难,获取的数据难以保证可靠,需要大量人财物力,指标的可操作性就越低。鉴于此,如果以总分 100 分为标尺,您认为在指标选择中,对于指标的重要性、可操作性,应当如何分配它们之间的分值:

（1）指标的重要性_____分　（2）指标的可操作性_____分

第二部分：地方高校人才培养评价指标体系研究专家咨询评议表

填写须知:

按您的判断,对每个二级指标和三级指标的归类,即是否应纳入该类别（一级指标和二级指标）进行判断,并在相应的表格内画"√",如重新归类、修改、删除等,请指出处理建议。

1. 指标的重要性是指在评价指标体系中,该指标的重要程度和代表性。指标能够较好地体现地方高校人才培养评价内涵,其重要性就越高。

2. 指标的可操作性是指在实际评价工作中,从评价者的角度获取该指标信息的难易程度和可信程度。指标越容易获得,可信程度越高,指标的可操作性就越强。指标数据难以获取,或者获取可靠数据比较困难,或者获取的数据难以保证可靠,或者需要大量人财物力,指标的可操作性就越差。

3. 在填写专家《对指标的熟悉程度》时，请您根据您对地方高校人才培养评价相关指标的熟悉程度进行评估，且将评价等级填写在相应的空格中，对指标的熟悉程度分为1—6六个等级，等级越高，表明您对该指标的熟悉程度越高。

4. 按您的判断，对每一指标的重要性、可行性进行五个等级评价，在相应的表格中打"√"，如重新归类、修改、删除等，请将您的意见或建议填写在"意见或建议"栏内。

一、一级指标评价表

表1　一级指标评价表

指标属性 指标＼评语	是否纳入		重要性					可操作性				
			很重要	比较重要	一般	不重要	很不重要	很强	比较强	一般	比较弱	十分弱
1. 人才培养资源保障指标	是	否	5	4	3	2	1	5	4	3	2	1
2. 人才培养管理制度指标	是	否	5	4	3	2	1	5	4	3	2	1
3. 人才培养制定指标	是	否	5	4	3	2	1	5	4	3	2	1
4. 人才培养执行指标	是	否	5	4	3	2	1	5	4	3	2	1
5. 人才培养管理效能指标	是	否	5	4	3	2	1	5	4	3	2	1
专家其他建议												

二、二级指标评价表

表2　人才培养资源保障评价表

| 指标属性 | 是否纳入 | | 重要性 | | | | | 可操作性 | | | | |
指标＼评语			很重要	比较重要	一般	不重要	很不重要	很强	比较强	一般	比较弱	十分弱
1.1 人力保障	是	否	5	4	3	2	1	5	4	3	2	1
1.2 财力保障	是	否	5	4	3	2	1	5	4	3	2	1
1.3 技术保障	是	否	5	4	3	2	1	5	4	3	2	1
1.4 文化保障	是	否	5	4	3	2	1	5	4	3	2	1
专家其他建议												

表3　人才培养管理制度评价表

| 指标属性 | 是否纳入 | | 重要性 | | | | | 可操作性 | | | | |
指标＼评语			很重要	比较重要	一般	不重要	很不重要	很强	比较强	一般	比较弱	十分弱
2.1 人才培养管理体制	是	否	5	4	3	2	1	5	4	3	2	1
2.2 人才培养管理机制	是	否	5	4	3	2	1	5	4	3	2	1
2.3 人才培养管理规范	是	否	5	4	3	2	1	5	4	3	2	1
专家其他建议												

表4 人才培养文件制定评价表

指标属性	是否纳入		重要性					可操作性				
指标＼评语			很重要	比较重要	一般	不重要	很不重要	很强	比较强	一般	比较弱	十分弱
3.1 制定主体	是	否	5	4	3	2	1	5	4	3	2	1
3.2 制定方法	是	否	5	4	3	2	1	5	4	3	2	1
3.3 制定内容	是	否	5	4	3	2	1	5	4	3	2	1
3.4 制定质量（文本）	是	否	5	4	3	2	1	5	4	3	2	1
专家其他建议												

表5 人才培养文件执行评价表

指标属性	是否纳入		重要性					可操作性				
指标＼评语			很重要	比较重要	一般	不重要	很不重要	很强	比较强	一般	比较弱	十分弱
4.1 执行主体	是	否	5	4	3	2	1	5	4	3	2	1
4.2 执行过程与方法	是	否	5	4	3	2	1	5	4	3	2	1
专家其他建议												

表6　人才培养管理效能评价表

指标属性	是否纳入		重要性					可操作性				
指标 ＼ 评语			很重要	比较重要	一般	不重要	很不重要	很强	比较强	一般	比较弱	十分弱
5.1 人才培养目标任务达成度	是	否	5	4	3	2	1	5	4	3	2	1
5.2 学校内涵发展提升度	是	否	5	4	3	2	1	5	4	3	2	1
5.3 外部认可度	是	否	5	4	3	2	1	5	4	3	2	1
专家其他建议												

三、三级指标评价表

一级指标	二级指标	三级指标	是否纳入		重要性					可操作性				
					很重要	比较重要	一般	不重要	很不重要	很强	比较强	一般	比较弱	十分弱
1 人才培养资源保障	1.1 人力保障	1.1.1 党委决策科学化	是	否	5	4	3	2	1	5	4	3	2	1
		1.1.2 学校职能部门组织有力	是	否	5	4	3	2	1	5	4	3	2	1
		1.1.3 学院组织有力	是	否	5	4	3	2	1	5	4	3	2	1
		1.1.4 教职工的积极性参与	是	否	5	4	3	2	1	5	4	3	2	1
		1.1.5 专家与社会人士的参与	是	否	5	4	3	2	1	5	4	3	2	1
		1.1.6 学生的积极性参与	是	否	5	4	3	2	1	5	4	3	2	1

续表

一级指标	二级指标	三级指标	是否纳入		重要性					可操作性				
					很重要	比较重要	一般	不重要	很不重要	很强	比较强	一般	比较弱	十分弱
1 人才培养资源保障	1.2 财力保障	1.2.1 编制规划的经费	是	否	5	4	3	2	1	5	4	3	2	1
		1.2.2 保障规划执行的经费	是	否	5	4	3	2	1	5	4	3	2	1
		1.2.3 重点规划项目的经费	是	否	5	4	3	2	1	5	4	3	2	1
		1.2.4 学科建设经费	是	否	5	4	3	2	1	5	4	3	2	1
	1.3 技术保障	1.3.1 信息技术提升人才培养管理能力	是	否	5	4	3	2	1	5	4	3	2	1
		1.3.2 利用信息技术获取竞争资源	是	否	5	4	3	2	1	5	4	3	2	1
		1.3.3 利用信息技术搭建开放人才培养环境	是	否	5	4	3	2	1	5	4	3	2	1
	1.4 文化保障	1.4.1 勇于创新的大学文化	是	否	5	4	3	2	1	5	4	3	2	1
		1.4.2 大学发展的使命自觉	是	否	5	4	3	2	1	5	4	3	2	1
		1.4.3 大学人才培养文化	是	否	5	4	3	2	1	5	4	3	2	1
2 人才培养管理制度	2.1 人才培养管理体制	2.1.1 人才培养管理制度体系	是	否	5	4	3	2	1	5	4	3	2	1
		2.1.2 学校健全的内部治理结构	是	否	5	4	3	2	1	5	4	3	2	1

266

续表

一级指标	二级指标	三级指标	是否纳入		重要性					可操作性				
					很重要	比较重要	一般	不重要	很不重要	很强	比较强	一般	比较弱	十分弱
2 人才培养管理制度	2.1 人才培养管理体制	2.1.3 国家教育人才培养发展与政策	是	否	5	4	3	2	1	5	4	3	2	1
		2.1.4 党委领导下的校长负责制	是	否	5	4	3	2	1	5	4	3	2	1
		2.1.5 人才培养管理机构	是	否	5	4	3	2	1	5	4	3	2	1
	2.2 人才培养管理机制	2.2.1 目标管理与绩效考核机制	是	否	5	4	3	2	1	5	4	3	2	1
		2.2.2 民主决策机制	是	否	5	4	3	2	1	5	4	3	2	1
		2.2.3 评估与改进机制	是	否	5	4	3	2	1	5	4	3	2	1
	2.3 人才培养管理规范	2.3.1 校、院、学科三级体系	是	否	5	4	3	2	1	5	4	3	2	1
		2.3.2 年度考核制度	是	否	5	4	3	2	1	5	4	3	2	1
		2.3.3 专项管理制度	是	否	5	4	3	2	1	5	4	3	2	1
		2.3.4 编制方案	是	否	5	4	3	2	1	5	4	3	2	1
3 人才培养政策制定	3.1 制定主体	3.1.1 人才培养谋划能力	是	否	5	4	3	2	1	5	4	3	2	1
		3.1.2 人才培养决策能力	是	否	5	4	3	2	1	5	4	3	2	1
		3.1.3 人才培养管理知识与专业能力	是	否	5	4	3	2	1	5	4	3	2	1
		3.1.4 制定中的组织协调能力	是	否	5	4	3	2	1	5	4	3	2	1

续表

一级指标	二级指标	三级指标	是否纳入		重要性					可操作性				
					很重要	比较重要	一般	不重要	很不重要	很强	比较强	一般	比较弱	十分弱
3 人才培养政策制定	3.2 制定方法	3.2.1 编制的方法	是	否	5	4	3	2	1	5	4	3	2	1
		3.2.2 编制的程序	是	否	5	4	3	2	1	5	4	3	2	1
	3.3 制定内容	3.3.1 高校整体规划	是	否	5	4	3	2	1	5	4	3	2	1
		3.3.2 专项规划	是	否	5	4	3	2	1	5	4	3	2	1
		3.3.3 基于学科的院系规划	是	否	5	4	3	2	1	5	4	3	2	1
	3.4 制定质量（文本）	3.4.1 规划的人才培养指导性	是	否	5	4	3	2	1	5	4	3	2	1
		3.4.2 规划的合法性	是	否	5	4	3	2	1	5	4	3	2	1
		3.4.3 规划的科学性	是	否	5	4	3	2	1	5	4	3	2	1
		3.4.4 规划的可执行性	是	否	5	4	3	2	1	5	4	3	2	1
		3.4.5 规划的系统性、可衔接性	是	否	5	4	3	2	1	5	4	3	2	1
4 人才培养政策执行	4.1 执行主体	4.1.1 人才培养理解能力	是	否	5	4	3	2	1	5	4	3	2	1
		4.1.2 执行中的组织协调能力	是	否	5	4	3	2	1	5	4	3	2	1
		4.1.3 执行中人才培养管理知识能力	是	否	5	4	3	2	1	5	4	3	2	1
		4.1.4 人才培养任务的执行能力	是	否	5	4	3	2	1	5	4	3	2	1

268

续表

一级指标	二级指标	三级指标	是否纳入		重要性					可操作性				
					很重要	比较重要	一般	不重要	很不重要	很强	比较强	一般	比较弱	十分弱
4 人才培养政策执行	4.2 执行过程与方法	4.2.1 任务目标的分解	是	否	5	4	3	2	1	5	4	3	2	1
		4.2.2 执行中的监督与反馈	是	否	5	4	3	2	1	5	4	3	2	1
		4.2.3 执行中的评估与控制	是	否	5	4	3	2	1	5	4	3	2	1
		4.2.4 执行中的激励与约束	是	否	5	4	3	2	1	5	4	3	2	1
		4.2.5 执行中的创新性举措	是	否	5	4	3	2	1	5	4	3	2	1
		4.2.6 执行中的改进举措	是	否	5	4	3	2	1	5	4	3	2	1
5 人才培养管理效能	5.1 人才培养目标任务达成度	5.1.1 任务目标完成率	是	否	5	4	3	2	1	5	4	3	2	1
		5.1.2 任务目标与成效一致性	是	否	5	4	3	2	1	5	4	3	2	1
		5.1.3 任务目标完成质量	是	否	5	4	3	2	1	5	4	3	2	1
	5.2 学校内涵发展提升度	5.2.1 学科建设水平	是	否	5	4	3	2	1	5	4	3	2	1
		5.2.2 专业建设水平	是	否	5	4	3	2	1	5	4	3	2	1
		5.2.3 人才培养质量	是	否	5	4	3	2	1	5	4	3	2	1
		5.2.4 学术创新能力	是	否	5	4	3	2	1	5	4	3	2	1
		5.2.5 学校学术声誉	是	否	5	4	3	2	1	5	4	3	2	1

续表

一级指标	二级指标	三级指标	是否纳入		重要性					可操作性				
					很重要	比较重要	一般	不重要	很不重要	很强	比较强	一般	比较弱	十分弱
5 人才培养管理效能	5.3 外部认可度	5.3.1 政府认可度	是	否	5	4	3	2	1	5	4	3	2	1
		5.3.2 社会认可度	是	否	5	4	3	2	1	5	4	3	2	1
		5.3.3 相关行业、产业认可度	是	否	5	4	3	2	1	5	4	3	2	1
		5.3.4 高校同行认可度	是	否	5	4	3	2	1	5	4	3	2	1

专家意见栏

参考文献

［1］方光荣，易长发. 关于普通高校继续教育的现状及其发展的思考［J］. 高等函授学报（哲学社会科学版），2006（01）：4-5+38.

［2］苏建华. 普通高校继续教育的定位探究［J］. 继续教育，2009，23（09）：43-45.

［3］蒋开球. 科学发展观视阈下普通高校继续教育发展问题新探［J］. 继续教育研究，2011（09）：1-3.

［4］陈萍萍，倪建生. 高校继续教育管理模式探究［J］. 中国成人教育，2011（10）：70-72.

［5］陈勤舫. 普通高校继续教育新态势与管理模式创新［J］. 成人教育，2020，40（09）：83-86.

［6］涂文琪. 关于普通高校继续教育发展的若干思考［J］. 成人教育，2005（11）：54-55.

［7］张寅清. 普通高校继续教育改革发展目标任务评骘［J］. 继续教育研究，2004（03）：1-5.

［8］丁克勇，杨芙蓉. 普通高校继续教育发展中存在的问题及其对策［J］. 高等函授学报（哲学社会科学版），2007（03）：28-29.

［9］郭志勇. 普通高校继续教育的特点问题和管理模式［J］. 继续教

育，2007（04）：13-14.

[10] 高建军，黄大乾. 广东省普通高校继续教育管理体制研究 [J]. 继续教育研究，2010（01）：4-7.

[11] 刘丽莹. MOOC 视域下普通高校继续教育发展改革的探讨 [J]. 继续教育，2015，29（03）：38-39.

[12] 叶冰，张梦. "双一流"建设背景下地方高校继续教育转型发展的路径研究 [J]. 当代继续教育，2019，37（06）：27-32.

[13] 林世员. 对普通高校继续教育转型发展基本问题的省思 [J]. 职教通讯，2013（22）：41-44.

[14] 吴学松. 地方高校继续教育转型发展策略论析 [J]. 成人教育，2020，40（09）：7-12.

[15] 鞠永熙. 地方高校继续教育科学发展的路径 [J]. 继续教育研究，2011（08）：9-11.

[16] 蒋开球. 顾客时代普通高校继续教育的市场定位及其发展策略研究 [J]. 华南理工大学学报（社会科学版），2012，14（04）：128-132.

[17] 陈勤舫. 普通高校继续教育的本质、功能与战略转型 [J]. 继续教育研究，2021（01）：1-4.

[18] 王长喜，张永宏. 对我国普通高校继续教育定位的几点思考 [J]. 继续教育，2006（07）：47-48.

[19] 郑小娟，胡侠. 普通高校继续教育师资队伍建设的几点思考 [J]. 湖北成人教育学院学报，2007（01）：21-23.

[20] 章慰. 地方高校继续教育发展瓶颈及对策 [J]. 继续教育，2010，24（Z1）：88-90.

[21] 郭明凯. 终身学习视域下高校继续教育模式 [J]. 继续教育研究，2024（02）：11-14.

［22］周海云，陈锐．高校继续教育促进共同富裕的实践逻辑与创新路径［J］．浙江社会科学，2023（12）：151-155+161.

［23］黄鹏，吴伟，刘艳．高校继续教育服务的校内外师资库融合建设流程与问题分析［J］．经济研究导刊，2023（24）：90-93.

［24］王文豪，仇冬．地方高校继续教育服务乡村振兴的研究［J］．工业技术与职业教育，2023，21（06）：116-119.

［25］王瑞．人工智能赋能高校继续教育的发展新范式［J］．继续教育研究，2024（03）：12-16.

［26］刘莹，杨淑萍．地方高校产教融合机制下的继续教育培养模式［J］．继续教育研究，2024（03）：1-6.

［27］李伊白．地方高校继续教育示范基地建设标准探究［J］．继续教育研究，2013（06）：4-6.

［28］马莉．关于普通高校继续教育的经济效益分析［J］．科技展望，2016，26（33）：233.

［29］孙丽媛．芝加哥"学院到职场"项目对普通高校继续教育校企深度融合机制建立的启示［J］．中国成人教育，2016（24）：124-126.

［30］徐平平．普通高校继续教育人才培养途径分析［J］．中外企业家，2018（35）：172-173.

［31］张楠．教育现代化视域下地方高校继续教育发展路径研究——以镇江高等专科学校为例［J］．镇江高专学报，2022，35（03）：94-97.

［32］吴卫东，陈航．地方高校继续教育的转型困境及对策研究——以陕西省Y大学为例［J］．陕西教育（高教），2023（02）：25-27.

［33］赵贞，曾钢．新时代高校继续教育服务国家战略的目标定位与实现路径［J］．继续教育研究，2023（10）：16-20.

［34］李季，高茜．基于创新创业教育的高校继续教育改革对策［J］.

继续教育研究，2023（12）：6-10.

［35］王立敏，朱小琳.信息化背景下高校继续教育发展策略创新探索——评《新时期高校继续教育创新发展研究》［J］.应用化工，2023，52（10）：2984.

［36］汤海明，乐传永.高校继续教育协同治理的困境及纾解：利益相关者视角［J］.职教论坛，2023，38（11）：89-97.

［37］任梅.打破与优化：高校继续教育校企合作的新探索［J］.浙江工业大学学报（社会科学版），2023，22（04）：460-464.

［38］胡明华.地方高校继续教育现状及其应对策略探析［J］.成人教育，2012，32（02）：74-75.

［39］赵云昌，王春，孟凡茹.加强普通高校继续教育管理队伍建设初探［J］.继续教育，2012，26（05）：6-7.

［40］邓尔玉.西部民族地区普通高校继续教育发展路径的探讨［J］.青海师范大学学报（哲学社会科学版），2013，35（05）：114-117.

［41］林安春.当前普通高校继续教育所处宏观环境的PEST分析［J］.新乡学院学报（社会科学版），2011，25（02）：173-175.

［42］陈士菊.普通高校继续教育校企合作办学模式的新思考［J］.科技信息，2012（08）：63.

［43］宋永则，刘林.普通高校继续教育改革与发展的着力点［J］.中共山西省委党校学报，2014，37（04）：109-111.

［44］杨会萍.学习型社会地方高校继续教育定位研究［J］.中国成人教育，2016（18）：147-149.

［45］李荣华.普通高校继续教育人才培养探讨［J］.合作经济与科技，2018（13）：174-175.

［46］陆佩洁.新形势下高校继续教育管理模式的创新性探讨［J］.中

外企业文化，2021（08）：189-190.

[47]胡明华.地方高校继续教育现状及其应对策略探析[J].成人教育，2012，32（02）：74-75.

[48]赵云昌，王春，孟凡茹.加强普通高校继续教育管理队伍建设初探[J].继续教育，2012，26（05）：6-7.

[49]邓尔玉.西部民族地区普通高校继续教育发展路径的探讨[J].青海师范大学学报（哲学社会科学版），2013，35（05）：114-117.

[50]李硕.普通高校继续教育的定位研究[J].中国成人教育，2015（20）：88-90.

[51]罗大珍，吕京.新形势下地方高校继续教育工作创新研究[J].科技资讯，2017，15（21）：152-153+155.

[52]王琼.高校继续教育管理人员职业倦怠成因与策略研究[J].湖北函授大学学报，2017，30（20）：44-46.

[53]余高.普通高校继续教育的经济效益研究[J].中小企业管理与科技（上旬刊），2020（03）：126-127.

[54]王凤，董少林.供给侧改革下地方高校继续教育人才培养质量提升研究[J].安徽工业大学学报（社会科学版），2020，37（02）：112-113+116.

[55]王媛.新时期地方高校继续教育供需矛盾及其消解[J].职教通讯，2021（12）：80-87.

[56]曲学进.新时代普通高校继续教育转型与重构路径研究[J].继续教育研究，2023（02）：16-20.

[57]王志宏.新形势下普通高校继续教育管理模式的探究[J].现代职业教育，2019（01）：4-5.

[58]田祎，陈垚，樊景博，周小婷，贾长安.地方高校继续教育服务

乡村振兴的实践探索——以商洛学院为例 [J]. 继续教育研究，2023
（08）：18-22.

[59] 郭燕. 高校继续教育数字化学习资源开放服务模式的研究 [J].
继续教育研究，2023（11）：18-22.

[60] 王琳. 服务全民终身学习要求下高校继续教育高质量发展 [J].
继续教育研究，2023（12）：11-15.

[61] 陈义群，李高南. 普通高校继续教育创新发展的策略思考 [J].
高等继续教育学报，2014，27（03）：32-34+44.

[62] 王诗平. 普通高校继续教育存在的问题及发展对策 [J]. 中国成
人教育，2014（06）：28-30.

[63] 张庆临. 大力拓展普通高校继续教育培训的路径探析 [J]. 科技
创新导报，2015，12（01）：125-126.

[64] 王志宏. 普通高校继续教育教学模式创新研究与实践 [J]. 湖北
开放职业学院学报，2020，33（11）：1-2.

[65] 蒋鸣. 高校继续教育管理能力系统耗散结构的形成与特征分析
[J]. 上海第二工业大学学报，2007（02）：140-143.

[66] 赵乐华. 普通高校继续教育信息化的实践与探讨 [J]. 中国地质
教育，2011，20（03）：81-84.

[67] 张洪，丁邦友. 普通高校继续教育办学机构改革与创新探究
[J]. 教育与职业，2012（36）：172-173.

[68] 马敬峰. 地方高校继续教育创新发展的若干思考 [J]. 宁波大学
学报（教育科学版），2014，36（02）：41-43.

[69] 陈奕容. 继续教育供给侧改革：地方高校继续教育转型发展之路
[J]. 现代职业教育，2018（01）：126-128.

[70] 章慰. 市场竞争视角下的地方高校继续教育发展 [J]. 中国成人

教育，2010（10）：13-14.

[71] 王晓东，王铁宝，冯志明，温泉，翟进进. 当前普通高校继续教育现状及对策研究 [J]. 河北工业大学学报（社会科学版），2012，4（03）：18-21.

[72] 陈娟. 学习型社会地方高校继续教育转型升级路径审视 [J]. 继续教育研究，2015（07）：14-16.

[73] 潘晓军，蒋开球. 建国60年普通高校继续教育发展特点及其对新时期继续教育科学发展的启示 [J]. 继续教育研究，2009（09）：1-3.

[74] 姚晓兰. 乡村振兴战略下地方高校继续教育：使命、挑战与路径 [J]. 继续教育研究，2021（05）：6-8.

[75] 徐吉洪，陈晓倩，赵玥. "双一流"建设背景下地方高校继续教育内涵发展研究 [J]. 终身教育研究，2021，32（05）：77-81.

[76] 王长喜，张永宏. 对我国普通高校继续教育定位的几点思考 [J]. 继续教育，2006（07）：47-48.

[77] 郑小娟，胡侠. 普通高校继续教育师资队伍建设的几点思考 [J]. 湖北成人教育学院学报，2007（01）：21-23.

[78] 章慰. 地方高校继续教育发展瓶颈及对策 [J]. 继续教育，2010，24（Z1）：88-90.

[79] 房庆平. 普通高校继续教育工作缺失及发展思考 [J]. 中国成人教育，2011（02）：44-46.

[80] 代宏禹. 新形势下高校继续教育管理模式的创新 [J]. 黑龙江科学，2020，11（09）：116-117.

[81] 任飞燕. 地方高校继续教育战略转型路径浅析 [J]. 东方企业文化，2018（S1）：241.

[82] 张友. 信息背景下高校继续教育改革转型研究——评《转型期普

通高校继续教育信息化建设研究》[J]. 新闻与写作，2019（09）：113.

［83］周斌. 论"文化自信"下地方高校继续教育发展 [J]. 湖南科技学院学报，2019，40（06）：20-21+99.

［84］郑晓光，徐晓敏. 高校继续教育管理人员绩效考核体系探析 [J]. 辽宁师专学报（社会科学版），2019（03）：136-137.

［85］卓毅. 新时期高校继续教育信息化存在问题及对策研究——评《转型期普通高校继续教育信息化建设研究》[J]. 教育发展研究，2020，40（08）：88.

［86］邢艳红. 普通高校继续教育考试制度改革措施探究 [J]. 科教导刊（上旬刊），2020（13）：17-18.

［87］王林，马磊. "十四五"期间地方高校继续教育规划研究——以普洱学院为例 [J]. 普洱学院学报，2021，37（04）：109-111.

［88］李平. 社会交换理论视角下的高校继续教育资源共享机制研究 [J]. 继续教育研究，2023（10）：21-26.

［89］韦帮得，李杨. 利益相关者视域下高校继续教育治理模式与形成机理研究 [J]. 继续教育研究，2023（10）：27-31.

［90］秦党红，钟志平. 关于高校继续教育过程性考核的探讨与实践——以湖南工商大学继续教育为例 [J]. 陕西教育（高教），2023（11）：34-35.

［91］李博志. 基于价值引领的高校继续教育提质发展 [J]. 继续教育研究，2024（02）：1-5.

［92］郭明凯. 终身学习视域下高校继续教育模式 [J]. 继续教育研究，2024（02）：11-14.

［93］周海云，陈锐. 高校继续教育促进共同富裕的实践逻辑与创新路径 [J]. 浙江社会科学，2023（12）：151-155+161.

［94］黄鹏，吴伟，刘艳．高校继续教育服务的校内外师资库融合建设流程与问题分析［J］．经济研究导刊，2023（24）：90-93.

［95］王文豪，仇冬．地方高校继续教育服务乡村振兴的研究［J］．工业技术与职业教育，2023，21（06）：116-119.

［96］王瑞．人工智能赋能高校继续教育的发展新范式［J］．继续教育研究，2024（03）：12-16.

［97］刘莹，杨淑萍．地方高校产教融合机制下的继续教育培养模式［J］．继续教育研究，2024（03）：1-6.

［98］张靖，李红亮．高等学历继续教育"三教融合"人才培养质量监控与评价体系研究［J］．中国成人教育，2023（12）：15-18.

［99］王杰．普通高校成人教育人才培养质量监测体系的构建［J］．产业创新研究，2020（23）：187-188.

［100］赵应淇．"标准化+"背景下高职继续教育人才培养的质量保障体系研究［J］．创新创业理论研究与实践，2019，2（09）：96-97.

［101］苏迪，韩红蕾．人才培养质量评价体系助推继续教育供给侧改革探讨［J］．成人教育，2018，38（08）：18-22.

［102］苏迪．继续教育人才培养质量评价体系建设研究［J］．天津电大学报，2018，22（02）：37-42.

［103］冯安伟，高建军．成人高等教育人才培养质量评估体系初探［J］．高等函授学报（哲学社会科学版），2012，25（01）：3-5+11.

［104］张德鹏，黄嘉涛，韩小花．继续教育人才培养的质量监控体系的建设［J］．教育教学论坛，2011（21）：132-134.

［105］朱建文．普通高校成人高等教育人才培养的质量保障和评估体系［J］．继续教育研究，2010（01）：35-37.

［106］宁正法．普通高校继续教育人才培养质量保障体系的构架

[J]. 继续教育，2009，23（06）：45-47.

[107] 朱建文. 成人高校人才培养的质量保障和评估体系研究 [J]. 成人教育，2005（12）：24-25.

[108] 周洁贞. 构建完善的教学支持服务体系，保证人才培养质量——新疆电大完善教学支持服务体系的探索与实践 [J]. 新疆广播电视大学学报，2005（02）：1-3+13.

[109] 杨亭亭. 远程开放教育教学质量保证体系和教学评估的研究——"中央电大人才培养模式改革和开放教育试点项目"研究综述之一 [J]. 中国远程教育，2004（07）：57-61.

[110] 孙霞. 完善远程教育质量保证体系 推进电大人才培养模式改革 [J]. 乌鲁木齐成人教育学院学报，2004（01）：35-37.

[111] 易向阳. "中央广播电视大学人才培养模式改革与开放教育试点"教学质量保证体系分析 [J]. 镇江高专学报，2003（03）：55-57.

后 记

　　本书是辽宁省研究生教育教学改革研究项目"基于'需求导向'人才培养理念的战略性学科集群建设路径校际联合探索与实践"（编号：LNYJG2022061）、"基于政产学研用融合多元主体协同下专业学位硕士培养机制探索及实践"（编号：LNYJG2022076），以及沈阳工业大学本科教学改革研究项目"基于交叉融合背景的学科专业一体化团队建设研究与实践"协同研究的高等教育管理领域成果。

　　本书的研究是在朱志的主持下进行的，课题组成员按照分工进行了较为深入的研究工作。课题组成员在《成人教育》等期刊发表了与课题研究相关的学术论文6篇，其中受到辽宁省成人教育年会表彰论文2篇，承担了省级课题3项、校级课题2项，相关成果获得了职业教育和成人教育类辽宁省教学成果二等奖。在本书的撰写过程中，笔者从需求导向、质量保障与特色发展等角度，拟定了本书的总体思路和框架，并指导各章撰写人完成写作工作。各章节的主要撰写人如下：朱志（引言、第五、六、十一章），朱志、赵晶（第一、十二章），朱志、武志斌（第四章），朱志、赵晶、武志斌（第二、三、七、八、九、十章）。朱志完成了全书10余万字的撰写，赵晶参编完成本书八个章节包含图表、图片折合5万余字，武志斌参编完成本书七个章节6万余字。撰写初稿完成后赵晶、武志斌对全书进行了统稿，最后由朱志对全书进行了修改和定稿。

感谢沈阳工业大学及校外相关专家学者给予本书的宝贵意见和建议！感谢所有参考文献的作者！由于作者水平有限，书中仍存在一定的不足，难免有不妥之处，敬请读者批评指正！

朱 志

2024年5月9日